現代経済の分析視角

マルクス経済学のエッセンス

山田喜志夫 ▼著
渡辺雅男 ▼跋

桜井書店

まえがき

　本論文集は，体系的でもなく系統的でもない。ここ30年ほどの間に書いた論文のうち，旧著に掲載されていないものを集めて編集したからである。ただし，本書の視角は一貫している。本書の基本的視点は，現代の解明においてマルクス経済学は古くなったどころか，なお透徹した分析力を保持していることを述べることにある。大切なことは，マルクスを研究することよりマルクスの方法によって現実（現代）を研究することであろう。

　本書全体は三部構成の形をとっている。第Ⅰ部は金や国際通貨国特権をめぐる問題，第Ⅱ部ではサービス論と社会資本について考察し，第Ⅲ部では現代を解明するにあたり，マルクス経済学に対するもう一方の主な学説，近代経済学のいくつかの側面について批判をおこなった。

　近年，金問題は取り上げられないか，あっても金廃貨論を暗黙の前提にしているような議論が少なくない。第1章では，マルクスの「金の特殊的運動と一般的運動の理論」を手がかりに，金廃貨論の検討をおこなった。

　最近の沖縄における普天間基地の問題をとおして，日本のアメリカへの従属がいやおうなく目につくようになった。第2章では，日本のアメリカへの従属を示す，日本からアメリカへの，しかも目に見えないかたちでの富の移転を取り上げた。

　1971年の金ドル交換停止以降のドルの性格の解明は，困難ではあるが避けて通れない課題である。第3章では，金ドル交換停止以降のドルの性格やアメリカの国際通貨国特権，そしてその世界市場への影響について述べ，とくにアメリカの経常収支赤字累積問題を論じた。

　かつてのサービス論争ではサービスは価値を生むか否かをめぐって議論が繰り返されてきた。しかし，サービスといわれるものの中身の分析がないままにこういった問題を提起することは適切ではないと考える。第4章では，サービスといわれるものがどのような性格のものから成り立っているのかを

明らかにするために,「サービス」の分類と腑分けから入り,分析をおこなった。

　小泉純一郎内閣によって進められた民営化なるものは,いいかえれば社会資本の解体である。第5章として所収されている論文を執筆していたころ,茨城県に建設中の鹿島臨海工業地帯を見学する機会にめぐまれた。その規模の壮大さには圧倒されたものだが,これを契機に社会資本論に関する諸問題を考察したものが本章である。当時は社会資本の概念をめぐって宮本憲一氏と池上惇氏の間で論争がおこなわれていた。ここでの分析はその論争に触発されたものである。

　第6章では,マルクス経済学との対比において,近代経済学の基本的特質を簡潔に論じた。

　最近の資本主義諸国の経済政策では,もっぱら経済成長あるいは成長率を何パーセントにするかが問題とされているのが現状である。しかしながら,このような成長論の視角は妥当なものなのであろうか,その限界について考察したのが第7章である。

　金本位制を脱却した現代の通貨制度は管理通貨制度といわれている。ケインズこそがその原点であろう。第8章は,ケインズの原典にさかのぼって国内的側面と国際的側面とを検討したものである。

　本書は,原論文に若干の加筆修正をくわえている。本書に収録されている論文のなかには初出一覧からも明らかなようにかなり古いものもある。したがって,いくつかの章については,章末に比較的近年の関連する文献をあげておいた。参照されたい。

初出一覧

第Ⅰ部　金・ドル体制・国際通貨国特権

第1章　現代における「金」の意義——金廃貨論の検討——

「現代における『金』の意義と役割」（小野朝男編著『金・外国為替・国際金融』ダイヤモンド社，1986年，第1章）

第2章　ドル体制下の日本——日本からアメリカへの富の移転——

「ドル体制と日本」（近昭夫・藤江昌嗣編著『日本経済の分析と統計〔統計と社会経済分析3〕』北海道大学出版会，2001年，第2章）

第3章　アメリカの国際通貨国特権——変動為替相場制下のドル——

「国際通貨国特権とアメリカの経常・資本取引——変動為替相場制下のドル——」（秋山誠一・吉田真広編『ドル体制とグローバリゼーション』駿河台出版社，2008年，第2章）

第Ⅱ部　経済のサービス化・社会資本論

第4章　経済のサービス化とはなにか

「経済のサービス化」（『國學院経済学』第36巻第4号，1989年）

第5章　社会資本論

「社会資本に関する理論的諸問題」（『國學院経済学』第23巻第3・4号，1975年）

第Ⅲ部　近代経済学批判

第6章　近代経済学の特質

山田喜志夫編著『講座 現代経済学批判Ⅲ　現代経済学と現代』（日本評論社，1974年，序章）

第7章　経済成長論の限界

山田喜志夫編著『講座 現代経済学批判Ⅲ　現代経済学と現代』（日本評論社，1974年，第1章）

第8章　ケインズの管理通貨論

山田喜志夫編著『講座 現代経済学批判Ⅲ　現代経済学と現代』（日本評論社，1974年，第4章）

目　次

まえがき 3

初出一覧 5

第Ⅰ部　金・ドル体制・国際通貨国特権

第1章　現代における金の意義……………………………15
　　　　——金廃貨論の検討——

　第1節　世界貨幣金の二重の運動および金の費用価格
　　　　（産金コスト）——問題提起……………………15

　第2節　各国の流通部面の間を往復する世界貨幣金の運動
　　　　（特殊的運動）……………………………………16
　　　1　国際通貨と世界貨幣金の節約　16
　　　2　金ドル交換停止以後の世界貨幣金　20

　第3節　産金国から世界市場へ行きわたる金の運動
　　　　（一般的運動）……………………………………25

　第4節　産金国内における金の費用価格（産金コスト）……29

　むすび………………………………………………………34

第2章　ドル体制下の日本……………………………………39
　　　　——日本からアメリカへの富の移転——

　はじめに……………………………………………………39

　第1節　日米間の不等労働量交換…………………………39

　第2節　ドル建て対外債権の減価…………………………40
　　　1　長期的円高ドル安傾向による為替差損の発生　40
　　　2　貿易におけるドル建て取引　48

　第3節　低金利政策…………………………………………51
　　　1　バブルの形成とその崩壊　51
　　　2　ゼロ金利による所得移転　57

第4節　ドルの特権による「横領」システム……………………………58
　第3章　国際通貨国特権とアメリカの経常・資本取引……………63
　　　　　――変動為替相場制下のドル――
　　はじめに………………………………………………………………63
　　　第1節　アメリカの経常取引における国際通貨国特権……………64
　　　　1　個別資本間レベル（民間レベル）の国際決済　64
　　　　2　国家間レベル（公的レベル）の国際決済――アメリカの債務決済　65
　　　　3　ドル残高の累積――準備・介入通貨ドル　74
　　　第2節　アメリカの資本取引における国際通貨国特権……………78
　　むすび…………………………………………………………………84

第Ⅱ部　経済のサービス化・社会資本論

第4章　経済のサービス化とはなにか……………………………89
　　はじめに………………………………………………………………89
　　　第1節　「サービス」業とはなにか…………………………………89
　　　　1　現物貸付資本　92
　　　　2　土地資本　93
　　　　3　サービス資本　93
　　　　4　生産資本の分化形態　94
　　　　5　流通資本あるいは商業資本の分化形態　95
　　　第2節　経済の「サービス」化とはなにか，
　　　　　　　経済の「サービス」化現象は何故生ずるのか……………97
　　　　1　財貨生産部門における労働生産性の上昇　97
　　　　2　生産過程における社会的分業の進展　100
　　　　3　多国籍企業化の進展による直接的生産過程の海外への移転
　　　　　　――企業内国際分業の進展　101
　　　　4　生産過程における自動化（FA）の進展　101
　　　　5　生産設備投資におけるリースの導入　102
　　　　6　流通過程における社会的分業の進展　102
　　　　7　慢性的過剰生産傾向にもとづく商品価値実現の困難の増大　102
　　　　8　金融資産の肥大化　103

9　技術革新の進展（FA, OA等）および資本の国際化・海外進出による
　　　　業務の複雑化　104
　　　10　消費の社会化——消費のために必要な労働の社会的分業による
　　　　自立化　104
　　　11　耐久消費財の普及　105
　むすび………………………………………………………………………107

第5章　社会資本論……………………………………………………………111
　第1節　社会資本論の問題点——序にかえて………………………………111
　第2節　「社会資本」の素材的規定…………………………………………112
　　　　　——生産と消費の一般的条件——
　第3節　「社会資本」の建設と管理運営……………………………………115
　　　1　「社会資本」と国家　115
　　　2　「社会資本」の諸形態＝公金私用の諸形態　117
　　　3　「社会資本」の建設と景気　119
　第4節　「社会資本」の利用形態……………………………………………120
　　　1　「社会資本（生産の一般的条件）」の専一的利用　120
　　　2　「社会資本（生産の一般的条件）」の共同利用
　　　　　——利子・地代範疇と「社会資本」　121
　　　3　「社会資本（消費の一般的条件）」の共同利用　125
　第5節　「社会資本」と土地資本——むすびにかえて……………………127

第Ⅲ部　近代経済学批判

第6章　近代経済学の特質……………………………………………………135

第7章　経済成長論の限界……………………………………………………143
　第1節　経済成長と商品資本の循環…………………………………………143
　第2節　商品資本循環の視角の一面的性格…………………………………145
　　　1　資本の運動の「もの」の運動への解消　145
　　　2　実現問題および貨幣・信用面の軽視　149
　第3節　国民所得概念の一面的性格…………………………………………153
　　　1　集計概念　153

　　　　2　没階級的概念　154
　　　　3　国民経済概念　155
　　　　4　市場経済妥当の概念　156
　　第4節　成長抑制論……………………………………………157
　　　　1　ローマ・クラブのリポート　157
　　　　2　「人類の危機」論　158

第8章　ケインズの管理通貨論……………………………………167
　　第1節　管理通貨論（国内的側面）……………………………167
　　　　　　──インフレーション──
　　　　1　『貨幣改革論』における国内均衡論　167
　　　　2　管理通貨制度の目的としての物価安定（国内均衡）　171
　　　　3　物価水準論──貨幣数量説　173
　　　　4　金本位制と「管理通貨制」　174
　　　　5　金の価値　177
　　　　6　管理通貨制の限界　178
　　第2節　管理通貨論（国際的側面）……………………………180
　　　　　　──国際通貨危機──
　　　　1　『貨幣改革論』における国際均衡論　180
　　　　2　為替相場論──購買力平価説　182
　　　　3　金価格の管理　184
　　　　4　国際通貨制度──『貨幣論』から『国際清算同盟案』へ　188
　　　　5　金廃貨論　193

あとがき（謝辞）　197

跋　渡辺雅男　199

索引　209

第1章　現代における金の意義

―――金廃貨論の検討―――

第1節　世界貨幣金の二重の運動および金の費用価格（産金コスト）――問題提起

　1971年に金ドル交換が停止され，さらに76年に金の公定価格が名実ともに廃止されたが，本章はこのような現代における金の意義と役割を考察することを課題とする。

　『資本論』では，「金銀の流れの運動は二重のものである。一方では，金銀の流れはその源から世界市場の全面に行きわたり，そこでこの流れはそれぞれの国の流通部面によっていろいろな大きさでとらえられて，その国内流通水路に入っていったり，摩滅した金銀鋳貨を補塡したり，奢侈品の材料を供給したり，蓄蔵貨幣に凝固したりする。この第1の運動は，諸商品に実現されている各国の労働と金銀生産国の貴金属に実現されている労働との直接的交換によって媒介されている。他方では，金銀は各国の流通部面の間を絶えず行ったり来たりしている。それは，為替相場の絶え間ない振動に伴う運動である」[1)]と述べられている。

　『経済学批判』においても，すでに次のように指摘されていた。「世界貨幣はそれがさまざまの国民的流通領域の間を往復する特殊な運動のほかに，一つの一般的運動を持ち，その出発点は金銀の生産源にあって，そこから金銀の流れがさまざまな方向へ世界市場を転々とするのである。この場合，金銀は商品として世界流通に入り，それぞれの国内的流通領域に入る前に，等価物として，それらに含まれている労働時間に比例して諸商品等価物と交換されている」[2)]。

　つまり，世界市場における世界貨幣金の運動は二重であって，産金国から世界市場へと行きわたる金の流れを一般的運動，各国の流通部面の間を往復

する金の流れを特殊的運動と呼ぶのである。

　本章の第1の課題は，世界貨幣金の一般的運動と特殊的運動とが，現代においていかなる形態でおこなわれているかを考察することにある。

　次に，現代における金の意義と役割を解明するための第2の課題として，産金国内における金の費用価格（産金コスト）の分析を試みる。

　金の費用価格は，金と金生産用の生産手段等の商品との交換比率にほかならない。産金コストというかたちで，生身の金と一般商品とが産金国の通貨を介して対面するのである。後述するように，金の費用価格は一般商品の費用価格とその本質を異にするのであるが，この分析をとおして，現代における金の役割——商品価格形成にかかわる——を明らかにしたい。金廃貨論を検討するためには，金の一般的運動と特殊的運動を区別することが大切である。従来の議論では，この区別が無視されてきたように思われる。

第2節　各国の流通部面の間を往復する世界貨幣金の運動（特殊的運動）

　世界貨幣の特殊的運動とは，世界市場において国際間の支払差額を決済する運動である。世界貨幣は，一般的支払手段，一般的購買手段および富一般の絶対的社会的物質化として機能するが，国際的貸借の決済のための支払手段の機能が他の二つの機能に優先する。この支払手段としての世界貨幣が現代においてどのような状態にあるかの解明が，ここでの課題である。

1　国際通貨と世界貨幣金の節約

　国民経済において，商業信用および銀行信用は，それぞれ貨幣にとってかわり，そこに商業手形，銀行券，預金通貨等の信用貨幣が形成される。一般に資本の還流が確実なかぎり，信用は貨幣にとってかわり，信用による貨幣代位がおこなわれるのであるが，世界市場においても，国際的信用制度の発展にともなって，信用が世界貨幣金にとってかわり，商品生産一般の流通空費である世界貨幣金そのものが節約されていく[3]。

まず外国為替取引によって世界貨幣金が節約されるが，この外国為替の基礎の上に展開する国際通貨制度によって，さらにいっそう金は節約される。国際通貨とは，支払手段としての世界貨幣にとってかわった国際的信用貨幣であって，特定国――通常，世界の再生産の中心に位置する国――の通貨建て貨幣請求権にほかならない。

ここでは，さしあたり国際通貨体制として1971年以前の IMF 体制を考察の対象とする。IMF 体制の柱は二つあり，第1は各国通貨当局の保有するドルと金との固定価格（金1オンス＝35ドル）での交換をアメリカ財務省がおこなうこと，第2は固定為替相場制を維持することである。ドルの対外金交換が保証されていたため，ドルはいわば金為替であり，IMF 体制は国際的金為替本位制であった。古典的な金為替本位制においては，金地金本位制国の国民通貨（兌換通貨）が金為替であった。これに対して，IMF 体制では，ドルは国民経済においては不換通貨であるが，外国通貨当局保有のドルは現実に金と交換されており，アメリカから金が流出した事実からも明らかなように，対外的にはドルの金交換が一定の制約はあるとはいえ保証されていた。国民経済的には不換制であるから，個人所有のドルは金と交換されないが，一国の外貨ドルはその国の通貨当局に集中されるため，各国の通貨当局保有のドルが金と交換されるかぎり，ドルは金為替なのである。したがって，IMF 体制はこの意味において国際的金為替本位制といってよいであろう。そして，ドルは対米金請求権として国際的信用貨幣であって，第三国間の決済にも用いられる国際通貨である。この国際通貨ドルは，アメリカの預金通貨なのであって，日本とアメリカの関係でいうと，両国個別資本間の債権債務の決済は，日本の為替銀行がコルレス関係をもつアメリカの為替銀行にある為替勘定である預金口座における貸借記入をとおしておこなわれる。このアメリカの銀行の預金口座は，アメリカの信用制度の構成要素であり，預金通貨の一部であることはいうまでもない。一般に，国際通貨ドルは，アメリカの銀行におけるアメリカ以外の外国人保有の預金債権＝預金通貨である。

こうして，各国の国際貸借の決済は国際通貨ドルでおこなわれるため，支払手段としての世界貨幣金は大幅に節約される。つまり，国際通貨ドルは，

表 1-1 アメリカの公的金準備と対外流動債務
(単位：100万ドル)

年末	公的金準備総額	対外流動債務総額
1954	21,793	12,454
1955	21,753	13,524
1956	22,058	15,291
1957	22,857	15,825
1958	20,582	16,845
1959	19,507	19,428
1960	17,804	20,994
1961	16,947	22,853
1962	16,057	24,068
1963	15,596	26,361
1964	15,471	28,951
1965	13,806	29,115
1966	13,235	29,904
1967	12,065	33,271
1968	10,892	33,828
1969	11,859	41,735
1970	11,072	43,291
1971	10,206	64,166
1972	10,487	78,680
1973	11,652	87,620
1974	11,652	120,325
1975	11,599	127,432
1976	11,598	152,468
1977	11,719	193,977
1978	11,671	244,577
1979	11,172	268,451
1980	11,160	295,627
1981	11,151	343,683

出所：*Report to the Congress of the Commission on the Role of Gold in the Domestic and International Monetary Systems*, 1982, Vol. I, p. 84.

国際的信用貨幣として世界貨幣金の支払手段機能を代行するのである。また，各国は対外支払手段準備としては金のほかに国際通貨ドルを保有することになる。このため，国際通貨ドルによって，支払手段準備金としての世界貨幣金もまた節約される。したがって，国際通貨ドルは，支払手段としての世界貨幣金のみならず支払手段準備金としての世界貨幣金をも節約するわけである。

IMF 体制という国際信用制度は，以上のように生身の世界貨幣金の節約を推し進めたのであって，信用による貨幣代位が世界市場規模においておこなわれた。

ところで，1958年以降，アメリカの国際収支は赤字基調となり，アメリカから貸借の決済のためドルが流出した。他方，対米黒字国では，黒字額の対価として国際通貨ドルが累積し対米流動債権が増大した。これは，アメリカ側からは対外流動債務の増大であった（第1-1 参照）。この対米黒字国がアメリカに対してドルと金との交換を要求すると，アメリカから金が流出することとなる。アメリカによるこの外国通貨当局に対する金の売却すなわち金ドル交換は，アメリカの国際収支の赤字の最終的決済の一部が世界貨幣金でおこなわれたことを意味する。いいかえれば，支払手段としての世界貨幣金の機能の大部分は国際通貨ドルによって代行され，一部分は生身の金によって金ドル交換という形態でおこなわれたのである。

表1-2 アメリカの金ストック高（1944年〜81年11月）　　（単位：100万トロイオンス）

年	金ストック高 年末高	増減高	外国通貨当局	金プール	IMF	国内生産者・消費者
1944	589.5					
1945	573.8	−15.7	−12.9	—	—	−2.8
1946	591.6	+17.8	+20.6	—	—	−2.8
1947	653.4	+61.8	+81.8	—	−19.6	−0.4
1948	697.1	+43.7	+43.1	—	—	+0.6
1949	701.8	+4.7	+5.5	—	—	−0.8
1950	652.0	−49.8	−49.3	—	—	−0.5
1951	653.5	+1.5	+2.2	—	—	−0.7
1952	664.3	+10.8	+11.3	—	—	−0.5
1953	631.2	−33.1	−33.3	—	—	+0.2
1954	622.7	−8.5	−9.3	—	—	+0.8
1955	621.5	−1.1	−1.9	—	—	+0.8
1956	630.2	+8.7	+2.3	—	+5.7	+0.7
1957	653.1	+22.8	+4.9	—	+17.1	+0.8
1958	588.1	−65.0	−65.5	—	—	+0.5
1959	557.3	−30.7	−28.5	—	−1.3	−0.9
1960	508.7	−48.7	−56.3	—	+8.6	−1.0
1961	484.2	−24.5	−27.5	−0.3	+4.3	−1.0
1962	458.8	−25.4	−21.3	−2.5	—	−1.6
1963	445.6	−13.2	−19.2	+8.0	—	−2.0
1964	442.0	−3.6	−12.3	+11.2	—	−2.5
1965	394.5	−47.6	−37.8	—	−6.4	−3.4
1966	378.1	−16.3	−13.9	−3.4	+5.1	−4.1
1967	344.7	−33.4	+2.9	−32.3	+0.6	−4.6
1968	311.2	−33.5	−6.0	−25.9	−0.1	−1.5
1869	338.8	+27.6	+27.3	—	+0.3	—
1970	316.3	−22.5	−18.0	—	−4.5	—
1971	291.6	−24.7	−24.1	—	−0.6	—
1972	276.0	−15.6	−0.1	—	−15.5	—
1973	276.0	—	—	—	—	—
1974	276.0	—	—	—	—	—
1975	274.7	−1.3	—	—	—	−1.3
1976	274.7	—	—	—	—	—
1977	277.6	+2.9	—	—	+2.9	—
1978	274.9	−2.7	—	—	+1.4	−4.1
1979	264.6	−10.3	—	—	+1.4	−11.7
1980	264.3	−0.3	—	—	—	−0.3
1981-Nov.	264.1	−0.2	—	—	—	−0.2
		−325.4	−235.3	−45.2	−0.6	−44.3

出所：*Report to the Congress of the Commission on the Role of Gold in the Domestic and International Monetary Systems*, 1982, Vol. II, p. 550.

金ドル交換というかたちで，国際収支赤字の続いたアメリカから金が流出し，準備金（蓄蔵貨幣）は減少の道をたどった。表1-2によると，1949年には7億オンス強（世界の公的金準備の約75％）であった準備金は徐々に減少し，71年には3億オンスを割るにいたり，ついに71年8月に金ドル交換は停止された。

　表1-2に示される外国通貨当局へ流出していく金は，支払手段としての世界貨幣金の動きにほかならない。つまり，金ドル交換停止以前では，アメリカからの金流出が，世界貨幣金の特殊的運動の表現だったのである。

2　金ドル交換停止以後の世界貨幣金

　1971年8月のニクソン大統領の新経済政策における金ドル交換停止は，ドルが金為替であることをやめ，金為替本位制としてのIMF体制が崩壊したことを意味した。また，金ドル交換が停止され構造的赤字国アメリカから金の流出が生じないことは，支払手段としての世界貨幣金がまったく機能しなくなることにほかならない。このことは，金による国際間の最終的決済が繰り延べられたままになったことを意味しよう。各国が減価していく国際通貨ドルを保有するという犠牲の上に，アメリカの債務が繰り延べられているのである。

　もはや，生身の世界貨幣金は支払手段としてはまったく現実には機能していない。また同時に，かつてはアメリカからの金流出という形態でおこなわれていた世界貨幣金の特殊的運動も消滅したわけである。

　こうして，信用が貨幣金にとってかわる過程が進み，世界市場においても，国際的信用制度の発展（外国為替，国際通貨の創出）とともに世界貨幣金が節約されてきたが，いまや，世界貨幣金の節約がひとつの極点に到達した。とすると，現代において世界貨幣金はいかなる役割を演じているのであろうか。

　ところで，一国の対外支払準備の一部を構成している金は，支払手段としての世界貨幣金の準備金という蓄蔵貨幣の一形態である。金ドル交換停止後，この金はどのような状態になっているだろうか。

　いま，対外支払準備総額（IMF準備ポジション，SDRおよび外貨ドル等

表1-3 対外支払準備の総額と内訳（1976年〜84年5月）　　（単位：100万SDR）

			1976	1977	1978	1979	1980	1981	1982	1983	1984 (5月)
全世界	IMFポジション	(1)	17.7	18.1	14.8	11.8	16.8	21.3	25.5	39.1	40.0
	SDR	(2)	8.7	8.1	8.1	12.5	11.8	16.4	17.7	14.4	14.6
	外貨	(3)	160.3	200.3	224.2	249.9	293.1	299.0	287.8	310.1	310.5
	金(市場評価額)	(4)	117.5	137.8	179.9	367.1	440.2	325.0	392.3	344.6	345.2
	総合計	(5)	304.2	364.3	427.0	641.2	762.0	661.7	723.3	708.2	710.3
	(4)／(5)　%		38.6	37.8	42.1	57.2	57.8	49.1	54.2	48.7	48.6
	金(単位：100万オンス)		1013	1015	1036.8	944.4	952.4	951.5	947.1	945.7	945.5
先進工業国	IMFポジション	(1)	11.8	12.2	9.6	7.7	10.7	13.5	17.1	25.6	25.9
	SDR	(2)	7.2	6.7	6.4	9.3	8.9	11.9	14.1	11.5	11.8
	外貨	(3)	73.7	100.0	127.2	136.1	164.7	159.6	153.2	167.8	170.1
	金(市場評価額)	(4)	101.2	119.6	153.4	306.7	364.2	269.0	326.1	286.6	287.1
	総合計	(5)	193.9	238.5	296.5	459.9	548.5	454.1	510.5	491.5	494.9
	(4)／(5)　%		52.2	50.1	51.7	66.7	66.4	59.2	63.9	58.3	58.0
	金(単位：100万オンス)		872	881	884.2	789.1	787.9	787.6	787.3	786.6	786.4

資料：IMF, *Annual Report*, 1981, p. 65 および 1984, p. 59 より作成。

のSDR評価額の合計とロンドン金市場価格で評価〔SDR表示〕した金との総計）のうち金準備（ロンドン金市場価格評価＝SDR表示）の占める比率を見ると，表1-3のとおりである。世界全体と先進工業国とに分けて示した。金準備のオンスで表示した量には大きな変動はないのであるが，事実上の価格標準を近似的に反映している金の市場価格で評価した金の支払準備総額に対する比率は，1976〜84年の間で，全世界については38〜58％，先進工業国については50〜67％である。IMFの1984年年報は，1983年について，対外支払準備総額に占める金の比率は工業国で58％，産油国で19％，非産油発展途上国で32％であると指摘している[4]。要するに，先進工業国では，対外支払準備の半分以上を金が占めていることに留意すべきである。

また，西ドイツの研究グループSozialistischen Studiengruppen（略称SOST）の調査によると，西ドイツではこの対外支払準備に占める金の（自由市場価格評価の）比率の「水準は，(19)50, 60年代と同様に，70年代においても，平均30〜40％というように比較的高いままであった」[5]。なお，西ドイツの1950〜78年における金準備の比率を表1-4に示す。

表 1-4　西ドイツの対外支払準備（1950～78年）

	金・外貨準備総額（100万 DM）	金準備 公定価格評価（100万 DM）	金準備 市場価格評価（100万 DM）	100万オンス	金・外貨準備に占める金の比率（％）
1950	1,159	—		—	—
1951	2,149	116		0.79	5.4
1952	4,635	587		3.99	12.7
1953	8,158	1,367		9.29	16.8
1954	10,930	2,628		17.88	24.0
1955	12,781	3,862		26.27	30.2
1956	17,795	6,275		42.69	35.3
1957	22,917	10,674		72.61	46.6
1958	26,105	11,085		75.41	42.5
1959	23,621	11,077		75.35	46.9
1960	32,767	12,479		84.89	38.1
1961	30,456	14,654		104.67	48.1
1962	29,579	14,716		105.11	49.8
1963	32,319	15,374		109.81	47.6
1964	32,754	16,992		121.37	51.9
1965	31,471	17,639		125.99	56.0
1966	33,423	17,167		122.62	51.4
1967	33,283	16,910		120.79	50.8
1968	40,292	18,156		129.69	45.1
1969	26,371	14,931		116.65	56.6
1970	49,018	14,340	16,020	112.03	31.6
1971	59,345	14,688	16,012	120.39	26.4
1972	74,433	13,971	21,529	114.52	26.3
1973	90,535	14,001	29,960	114.35	28.1
1974	81,239	14,002	48,484	114.35	41.9
1975	84,548	14,002	45,283	114.35	39.1
1976	85,766	14,002	35,677	114.35	32.2
1977	88,249	14,065	39,630	114.87	34.8
1978	100,343	17,083	45,008	115.11	35.1

出所：Sozialistischen Studiengruppen（SOST），*Gold, Preise, Inflation*, 1979, S. 120, Tabelle A10.

　以上に明らかにした事実は，いぜんとして世界貨幣金は支払手段準備金として機能していることを物語るものといえよう。金ドル交換停止後，世界貨幣金はもはや現実には支払手段の機能を果たしていないにもかかわらず，支払手段の準備金としての金の重要性は変化していないのはなぜか。金は現在，支払手段として現実に機能していないにもかかわらず，各国通貨当局は金を

支払手段準備金としていぜんとして高い比率で保有しているのはなぜか。

この問題を検討するには，現在金との交換を停止されたいわゆる不換の国際通貨ドル，世界貨幣金の支払手段機能を現在全面的に代行している不換の国際通貨ドルの性格について分析することが必要である。

別稿で述べたように[6]，信用が貨幣にとってかわる条件があるかぎり，信用は信用貨幣として流通する。その条件は，第1規定として，資本の還流の円滑さ——信用主義，第2規定として，資本の還流がとどこおった場合，信用を保証する金との交換——重金主義，であった。ただし，信用貨幣にとっては，第1の規定である資本の還流の円滑さがより基本的な条件である。

金ドル交換の停止された現在，ドルが国際的信用貨幣であるための条件は上記の第1規定しかない。ドルに関して世界市場での国際的規模での資本の還流とは，具体的にはアメリカの銀行内では非居住者ドル預金から居住者ドル預金への振替である。この，ドルが再びアメリカへ回流してくること，すなわちアメリカの国際収支が均衡ないし黒字であることである。詳しくは第3章を参照されたい。アメリカの国際収支の状況が，国際的規模でのドルに関する資本の還流の集中的表現にほかならない。したがって，アメリカの国際収支の基調が黒字であれば，不換の国際通貨ドルといえども国際的信用貨幣として機能し，世界貨幣金の支払手段機能を代行する。もちろん，ここでは，国際通貨国アメリカが世界市場において圧倒的な比重を占め，大部分の国がアメリカと取引関係を有していることが大前提である。アメリカが卓越した巨大な生産力の所有国であることを前提としてはじめて世界的規模での資本の還流ということがいえるからである。アメリカから他国へのドルの供給は，いいかえれば，アメリカの銀行内における居住者ドル預金から非居住者ドル預金への振替である。このドルが再びアメリカに還流してくるかぎり，不換の国際通貨ドルも信用貨幣性を維持しているといわねばならない。アメリカの国際収支が黒字の局面では信用主義が支配的となり，ドルと金との交換の有無は問題にならないのである。金廃貨論は，この信用主義の局面を一面的に反映した所説にほかならない。

しかしながら，アメリカの国際収支の黒字基調が崩れ赤字基調となると，

つまり国際的規模でのアメリカへの資本の還流がとどこおると，不換のドルは国際的信用貨幣性を失わざるをえない。信用が貨幣にとってかわる条件がすべて消滅するからである。だからといって，不換の国際通貨ドルは紙幣そのものに転化するわけではない。世界市場では元来，世界貨幣は流通手段機能を有しないからである。不換の国際通貨ドルは，アメリカの国際収支が改善されて均衡化し，あるいは黒字基調になれば，信用貨幣として機能する可能性をつねに有している。したがって，国際収支赤字基調下の不換の国際通貨ドルは潜在的にのみ信用貨幣であるといえよう。

　ドルの信用貨幣性の失われる局面では重金主義が表面化し，その意識への反映として金復位論が優勢となる。1981年に発足し金本位制復帰問題が論議されたアメリカの金委員会はそのあらわれであった。ただし，金ドル交換の停止された現在，重金主義が現実化する道（激烈な形態での世界信用恐慌）は遮断されており，したがって過剰ドルが収縮することなく，各国のドル準備は累積し，ドルの信認は低下していく。これは，世界的インフレ傾向や現実資本に対比しての金融資産の増大傾向にあらわれざるをえない。

　こうして，アメリカの国際収支の赤字基調が続くかぎり，国際通貨ドルは国際的信用貨幣性を失うのであるが，どのようなかたちであれ世界市場では金復位の可能性——たとえば，金の市場価格を目安として金の公定価格を設定し，この価格での金とドルとの対外的交換の再開（これもまた，再び崩壊するであろうが）——は否定しきれないのである。

　以上の理由によって，各国通貨当局は，金を対外支払手段の準備金としていぜんとして保有せざるをえないのであって，金は世界貨幣の支払手段準備金として機能しているのである。金こそ蓄蔵貨幣機能の十全な遂行者といわねばならない。いいかえれば，現在，不換の国際通貨ドルは，支払手段としての世界貨幣金の機能を強行的に代行しているが，支払手段準備（蓄蔵貨幣）としての世界貨幣金の機能を完全に代行することは不可能なのである。

　資本の還流が円滑であるという条件のもとで，信用は貨幣にとってかわる（信用主義）。この条件が崩れると，信用は貨幣にとってかわることが不可能となり，貨幣そのものが舞台に登場する（重金主義）。世界市場規模での資

本の還流が円滑におこなわれなくなって——アメリカの国際収支が赤字基調のため——信用が貨幣にとってかわることが不可能となった。しかしながら，金とドルとの交換が停止されたために，金が表舞台に登場することもないのである。このため，金は舞台の背後に控えざるをえないというのが，世界貨幣金の現状であろう。現在，世界貨幣金の特殊的運動は見られないが，この運動のための準備はおこなわれているのである。

結局，生身の金が支払手段としての世界貨幣の準備金の機能を果たしているのであって，現代においても，生身の金は，単なる商品ではなく，世界貨幣として貨幣の役割を演じていることはいうまでもない。いわゆる金廃貨論では，各国の公的対外支払準備の半分以上が金で保有されている事実を説明することは不可能であろう。

第3節　産金国から世界市場へ行きわたる金の運動（一般的運動）

前節で，現代においても金はいぜんとして単なる商品ではなく世界貨幣としての役割を演じていること，つまり金は貨幣であることを確認したが，ここでは現代における金の一般的運動について考察しよう。産金国として現在最も大きな比重を占めている南アフリカを例として取り上げたい[7]。

南アの産金業者または代理業者がロンドンやチューリッヒ等の国際的金市場で新産金を売却する。金売却で得た外貨（ドル）を，南ア産金業者は，南アの外国為替市場で売って南アの通貨を入手し南アの商品を購入するならば，ここで金と南アの商品との交換比率が形成されるが，これが産金国での産金コストにほかならない。この問題は次節で取り上げる。他方，新産金を国際的金市場で売却して得られたこの外貨を為替市場で購入した南アの輸入業者が，外貨ドルで，たとえば国際的商品である石油を購入したとすると，ここで金と石油との交換比率が形成される。これは金と石油との直接的交換ではないが，国際通貨ドルを媒介した金と石油との交換であることに変わりはない（金—ドル—石油）。この交換比率は，金の市場価格と石油の市場価格の変

表1-5 石油価格（バレル当たり）と金価格（オンス当たり）の比率

	Ratio
1975	15.0
1976	10.8
1977	11.9
1978	15.1
1979	18.1
1978/IV	16.8
1979/I	17.8
1979/II	17.8
1979/III	22.9
1979/IV	16.0
1980/I	8.0
1980/II	8.5

注：石油価格はサウジアラビア産、金価格はロンドン金市場価格である。
出所：Rae Weston, *Gold—A World Survey*, 1983, p. 308.

動にともなって変化するであろう。ウェストンは，金価格と石油価格との間に規則的な比率——金1オンス当たり石油17〜18バレルという比率——があると指摘し，表1-5を掲げている[8]。この表で石油価格はサウジアラビア産のものであり，金価格はロンドン金市場価格である。表1-5によると石油と金との交換比率は1980年に入るまでは大きな変動はなかったが，80年になるとだいたい石油8.5バレル＝金1オンスの交換比率となっている。

さて，この石油と金との交換比率の意味について考察しよう。前述のように，『資本論』では，産金国からの金の運動は「諸商品に実現されている各国の労働と金銀生産国の貴金属に実現されている労働との直接的交換によって媒介されている」。あるいは『経済学批判』では，「金銀は商品として世界流通に入り，それぞれの国内的流通領域に入る前に，等価物として，それらに含まれている労働時間に比例して諸商品等価物と交換されている」と指摘されているが，例としてあげた石油と金との交換比率——1980年では石油8.5バレル＝金1オンス——は，国際通貨ドルによって媒介されているとはいえ，石油に実現されている労働と金に実現されている労働との交換比率であり，石油8.5バレルと金1オンスとは等価物として交換されているのである。なお，ここで等価物として交換されるというのは，必ずしも等労働量どうしの交換を意味するわけではない。石油の市場価格は価値から乖離して大きく変動するからである。

この交換比率，石油8.5バレル＝金1オンスでは，石油8.5バレルの価値が金1オンスで表現されているのであって，石油8.5バレルの価値が金量表示で金1オンスであることが示されている。前述のように，生身の金は蓄蔵貨幣の一形態としての世界貨幣準備金として機能しているのであって，金は単なる商品ではなく貨幣商品である。したがって，石油と金との交換比率であ

る石油8.5バレル＝金１オンスでは，貨幣商品である金が一般商品の価値を表現する価値尺度として機能しているのである。もちろん，金が価値尺度として機能する場合は，金はただ観念的な表象された金として機能するのであるが，そのためには，現実に商品と金との交換がおこなわれていることが前提である。

　金が価値尺度として機能しているとすると，価格標準——金の一定重量に与えられた貨幣単位名——の機能はどうであろうか。1976年以降，金の公定価格は廃止されたため，公定価格標準なるものはもはや存在しない。したがって，問題は事実上の価格標準である。

　金の価格は単なる商品相場における一般商品の価格とは本質的に異なっている。金の価格は，金の一定量に与えられた貨幣名であって，価格標準の逆数なのである。そして，金の市場価格は，この価格標準の逆数の上下に需給関係によって実質的に変動する。したがって，現実の金の市場価格の変動は，事実上の価格標準の変動を逆数的に表現する名目的変動と，需給関係による時々刻々の実質的変動との複合である[9]。このため，金の市場価格そのものをストレートに事実上の価格標準の指標とすることはできないが，この金市場価格の長期趨勢的な変動は事実上の価格標準の変動——したがって通貨の減価——を示す，とみなすことができる[10]。

　元来，価格標準は諸商品の価値を表示する金の量を測る単位であるから，固定しているものであり，固定していてはじめて価格標準の機能が十分に達成される。兌換制下では，公定価格標準が明示され固定されており，このためにこそ標準たりえた。ところが，不換制（管理通貨制）下では，公定価格標準は名目化し，あるいは廃止され（1976年以降），流通必要金量と流通通貨との量的関係の変動に応じて，事実上の価格標準は変動し明確に表示されない。この反映として金の市場価格も変動し，長期的には通貨の減価とともに上昇していく。

　金の公定価格が廃止された現在，事実上の価格標準の変動の指標は，金の市場価格の変動であり，金の市場価格の逆数を事実上の価格標準の近似値として代用せざるをえないのである。つまり，金の市場価格の変動には実質的

変動をも必然的にともなうのであるから，金の市場価格をもって価格標準そのものではなく，その近似値の指標とするほかはない。このことは，金の価格標準としての機能が，きわめて不十分であって，機能低下していることを意味するであろう。しかし，価格標準の機能がまったく消失したということではないのであって，きわめて不十分ではあるが，大きな誤差をともなうとはいえ，価格標準機能は，金の市場価格によって近似的に果たされているといわねばならない。

　さて，もういちど，石油8.5バレル＝金１オンスという定式を考察しよう。ここでは，石油8.5バレルの価値が金１オンスで表現されていることはすでに述べた。現実には，国際通貨ドルを媒介にした石油と金との交換がおこなわれるのであるから，この交換比率には，ドル表示による金の市場価格が背後に横たわっているわけである。いま，金１オンスの市場価格を，たとえば300ドルとすると，これは，事実上の価格標準が近似的には（かなりの誤差をともなうとはいえ）１ドル＝金1/300オンスであることを意味する。石油8.5バレルの価値は金１オンスで表示され，この金１オンスを近似的な事実上の価格標準１ドル＝金1/300オンスで表現すると300ドルというドル表示となる。つまり，石油8.5バレル＝金１オンス＝300ドルとなり，石油8.5バレル＝300ドル（石油１バレル当たり約35ドル）という価格は，石油の価値を金量で表現し（価値どおりとはかぎらない），この金量を近似的な事実上の価格標準で表示したものにほかならない。この石油価格の形成において，金は石油の価値を測る価値尺度として機能し，さらに価格標準の機能をきわめて不十分ではあるが果たしているのである。

　現代においては，金の市場価格は日々変動し，しかも，この金の市場価格を事実上の価格標準の代用とすることは不正確であり，この点では，現代の金の価格標準機能は二重の意味で不十分であるといわざるをえない。これは，あたかも，物の長さを測る物指しにおいて，絶えず伸び縮みする不正確な目盛りがついているようなものである。このような物指しは，長さの尺度としては機能するのだが，ただ，その長さの数量的表示がきわめて不正確であって，長さの表示機能においてまったく不十分なのである。このような物指し

の機能は，低下してはいるが停止しているとはいえないであろう。同様に，現代において価値尺度として金は機能し，他方，価格標準としての金の機能は低下してはいるが，まったく麻痺したわけではないのである。

　こうして確定された石油価格の変動は，各国の物価水準に波及的な影響を与えていくことはいうまでもない。また，石油はひとつの例としてあげたにすぎないので，金は他の主要な国際商品との交換比率をとおしても，各国の物価水準に影響し，結局のところ，金の市場価格に整合的な物価体系——絶えざる不均衡をともなうが——が形成される。このようなかたちで現代でも一般的運動はおこなわれているのであり，金はなお価値尺度として機能しており[11]，価格標準としても不十分ながら機能していると考えられるのである。

　なお，つけくわえると，金の価値尺度機能や価格標準機能を否定すると，金の市場価格や一般商品価格の絶対額の決まり方を理論的に説明することが不可能となろう。たとえば，金1オンスの市場価格が300ドルであって，3万ドルでも3ドルでもないことを説明するには，事実上の価格標準を根拠にしてはじめて可能である。あるいは，ボールペン1本が100円であって，100万円でも1円でもないことは，つまりは価格の絶対水準は金の価値尺度機能と価格標準機能を前提としてはじめて説明できることなのである。にもかかわらず，金廃貨論を主張するためには，金以外に貨幣商品を具体的に示す必要があろう。

第4節　産金国内における金の費用価格（産金コスト）

　前節において，産金国から世界市場への金の一般的運動について考察したが，これに対比して，第2の課題である産金国南アフリカの国内における金の運動について分析しよう。南アの産金業者は南アの通貨当局に金を売却して得た南アの通貨で，金生産のための生産手段と労働力を購入する。あるいは，前節でふれたように，金を国際金市場で売却して得た外貨を為替市場で南アの通貨に換え，これによって金生産用の生産手段や労働力を購入する。ここに，南アの新産金と南アの諸商品との交換比率が形成されるが，この交

換比率は具体的には金の費用価格すなわち産金コストとしてあらわれる。

金の費用価格については別稿で解明したが[12]、ここで簡単に説明しておこう。価格の価値からの乖離の問題を捨象すると、一般商品の価格は、商品価値を金量で表現したものであるから、商品の価値が金何単位で表示されるかを求め、この金量を事実上の価格標準による貨幣名で呼べば商品の価格が与えられる。したがって、一般に商品価格は(1)式のように定式化できよう。

$$商品の価格 = \frac{商品の価値}{金1単位の価値} \times 金1単位の価格 \qquad (1)$$

次に、商品の費用価格は商品の価値 $C+V+M$ のうち $C+V$ の価値量を金量で表示したものであるから、商品の費用価格は(2)式のように示される。

$$商品の費用価格 = \frac{商品価値のうち C+V 部分}{金1単位の価値} \times 金1単位の価格 \qquad (2)$$

したがって、金の費用価格についても、この(2)式があてはまるが、限界金山における金の費用価格は(3)式のようになる。

$$金1単位の費用価格 = \frac{金1単位の価値のうち C+V 部分}{金1単位の価値} \times 金1単位の価格 \qquad (3)$$

金1単位の価値は、農産物等と同様に限界金山の金の個別的価値 $C+V+M$ であるから、(3)式は次の(4)式のように示される。

$$金1単位の費用価格 = \frac{C+V}{C+V+M} \times 金1単位の価格 \qquad (4)$$

$C+V$ は $C+V+M$ の一部であるから、$\frac{C+V}{C+V+M}$ の値は1以下であり、この値を a とすると、(4)式は(5)式のように示される。

$$金1単位の費用価格 = a \times 金1単位の価格 \qquad (5)$$

以上の各式における金1単位の価格とは、事実上の価格標準の逆数として

の価格であることはいうまでもない。これは，兌換制下では，金の公定価格として明示されているが，不換制下では明示されず，インフレーションの進行とともに上昇していくものである。

さて，金の費用価格は，直接的には金生産用の生産手段の価格と産金労働者の賃銀との合計額であるが，これは，結局のところ(4)式から明らかなように，金1単位のうち $C+V$ に対応する分量の金に与えられた貨幣名である。すなわち，金の価格は金1単位に与えられた貨幣名であるのに対して，金の費用価格は金 a（1以下）単位に与えられた貨幣名にほかならない。

以上，限界金山の費用価格について考察したが，限界金山に比べて自然的生産条件のより良好な優良金山の費用価格についても，前述の(4)式があてはまる。ただし，分母の $C+V+M$ は金の価値すなわち限界金山の金の個別的な価値であるが，分子の $C+V$ は優良金山の金の個別的な $C+V$ であって，限界金山の $C+V$ より小さい。したがって，優良金山の金の費用価格は限界金山の金の費用価格より小さい。この両者の差額は，金の価格における差額地代部分である。

金の費用価格は，a の値が一定ならば，金1単位の価格が固定されているかぎり（したがって事実上の価格標準が固定されているかぎり），一定である。金の価格が金の価値の変動と関係ないと同様に，金の費用価格も金の価値の変動と関係ないのである。これは一見，奇異に見えるかもしれない。たとえば金価値が低下する場合，金の価値のうち $C+V$ の価値が低下しても，価値尺度である金そのものの価値もまた低下するのであるから，この $C+V$ の価値を表示する金の量は相殺されて変化しないのである。このため費用価格も一定のままにとどまる。もっとも，価値尺度である金の価値低下が生じても，金生産用の生産手段や金生産労働者用の消費財の価値は，しばらくは金の旧価値によって評価されたままであるため，金の費用価格は一時的に低下するであろう。しかし，結局のところ，価値尺度である金の新しい価値水準によって評価しなおされて，$C+V$ の価値を表現する費用価格は旧来に復し，一定のままである。一般商品の場合は，商品価値の低下にともなって，他の条件を一定とするかぎり，その商品の価格および費用価格は低落するが，

表1-6 南アフリカの金鉱の産金コストと金価格（1981年12月）

金鉱名	金1オンス当たりコスト（USドル）	金1オンス当たり販売価格（USドル）
Anglo American		
Elandsrand	416	423
Ergo		421
Free State Geduld	197	427
President Brand	190	425
President Steyn	217	424
Vaal Reefs	184	422
Western Deep	146	425
Western Holdings	253	425
Anglovaal		
East Transvaal Consol.	181	418
Hartebeestfontein	184	427
Loraine	393	424
Gencor		
Bracken	287	425
Buffelsfontein	206	425
Grootvlei	235	423
Kinross	186	426
Leslie	316	424
Marievale	316	438
St. Helens	155	425
Stilfontein	227	410
Unisel	155	423
West Rand Consol.	551	427
Winkelhaak	140	423
Goldfields of South Africa		
Deelkraal	351	431
Doornfontein	203	430
Driefontein Consol.	111	428
Kloof	116	429
Libanon	219	430
Venterspost	369	429
Vlakfontein	370	425
Johannesburg Consol. Invm.		
Randfontein	177	439
Western Areas	361	436
Rand Mines		
Blyvooriutzicht	184	426
Durban Deep	310	425
ERPM	410	421
Harmony		427
Independent		
South Roodeport	614	416
Wit. Nigel	493	416

出所：Rae Weston, *op. cit.*, pp. 298–299.

このような事態は金については生じない。

次に a の値であるが，これは厳密には限界金山の価値（C＋V＋M）とそのうちの一部である（C＋V）との比率であって，この値を正確に算出することは不可能に近いが，別稿で筆者は a の値をだいたい0.6～0.7であると推定した[13]。

とすると，金1単位の費用価格は約0.6単位の金に与えられた貨幣名ということになる。(5)式の示すように，いまインフレーションが進行して事実上の価格標準が低下していくと，金の費用価格が上昇することはいうまでもない。さて1981年12月の南アフリカにおける金の費用価格（産金コスト）は表1-6のとおりである。基本的には，各金山の自然的条件（豊度）の差に応じて多様な産金コストが形成されている[14]。すなわち金1オンス当たりのコストは，最低111ドルから最高614ドル，平均的には約240ドルというところである。

このように，産金コストが現実に形成されるということは，その基礎に上記の(3)式や(4)式が客観的に成立していることを意味する。(3)式や(4)式が成立するためには，金の価値尺度機能が前提となり，そして事実上の価格標準が現実に機能していることが前提となっていなければならない。つまり，産金コストの形成は，たとえば金生産用生産手段の価格形成が，(3)式や(4)式の C 部分から明らかなように，金の価値尺度機能と価格標準機能によって客観的に規定されていることを物語るのである。ただし，金生産用生産手段や消費財の価格が価値から乖離して変動するので，この変動を捨象した(3)，(4)，(5)式のように，産金コストがストレートに事実上の価格標準を反映するとはいえない。この意味では，産金コストの形成における金の価格標準機能は不十分であることは否めないであろう。

たとえば，a が0.6であるとすると，1981年12月における金1オンスの費用価格が約240ドルだということは，金の価値尺度機能が前提され，かつ事実上の価格標準がだいたい1ドル＝金1／400オンスであることを前提としてのみ説明できる。この1981年12月の金1オンスの費用価格が24ドルでも2400ドルでもなく240ドルであることは，金の価値尺度機能と価格標準機能を抜き

にしては説明不可能であろう。金廃貨論では，この現実の産金コストの絶対値の説明がつけられないのである。

　こうして，産金国の国内では，金と金生産用の資財との交換比率は産金コスト（たとえば1981年12月で平均240ドル）のかたちで形成され，金はこの交換比率をとおして国内の他の諸商品の価格にも影響を及ぼしていく。さらには，これらの諸商品の一部が海外へ輸出されていき，海外の物価変動にも影響を与えていくであろう。きわめて細い経路ではあるが，これらの過程の基礎において，金は価値尺度機能および不十分ながら価格標準機能を果たしているのであり，その結果として，絶えざる不均衡をともないながら，究極のところ金の費用価格に整合した価格体系が広範に形成されていくのである。

　金廃貨論に関していえば，金の特殊的運動については，金ドル交換停止以降は金が表舞台にあらわれないという意味で金廃貨論が妥当するかのように見える。しかしながら，一般的運動に関しては金が表舞台にあらわれるのであって金廃貨論は疑問である。

むすび

　以上に明らかにしたように，第1に，金は現代において，価値尺度機能を果たし，きわめて不十分ではあるが価格標準機能を果たしているのである。これらの機能は，国際金市場における産金国からの新産金の売却，したがって金の市場価格の形成，および産金国内における金の費用価格（産金コスト）の形成をとおして遂行される。つまり，金の一般的運動の表現が，具体的には産金国からの金の売却なのである。

　第2に，金は現代において，世界貨幣の支払手段準備金の機能を果たしている。資本主義における信用制度の展開にともなって信用が貨幣にとってかわる過程が進展し，流通空費である貨幣商品金が節約されていくが，現代の管理通貨制においてこの金節約が極点に達したのである。国際流通においても，信用による世界貨幣金の代替が進み，金ドル交換停止は，この信用による世界貨幣金の代位がひとつの極点に到達したことを表現している。ところ

で，国際間で信用関係が形成され信用が貨幣にとってかわるのは，世界市場規模での資本の還流が円滑なかぎりにおいてである。この資本の還流とは，国際通貨国アメリカの国際収支が均衡ないし黒字基調であることにほかならない。アメリカの国際収支が黒字基調であれば，信用主義が全面的に支配的となるが，アメリカの国際収支が赤字基調になれば，信用（国際的信用貨幣）が世界貨幣金にとってかわることが不可能となり，金そのものが舞台に登場せざるをえなくなる（重金主義）。しかしながら，金ドル交換停止のもとでは，金は舞台に登場することなく，世界貨幣の支払手段準備金として舞台の背後に控えざるをえないのである。「相変わらず貨幣──貴金属の形態での──が土台であって，この土台から信用制度は事柄の性質上けっして離脱することができないということである」[15]。

結論として，金の特殊的運動は諸国間の関係であるから，そこには債権債務関係が存在する。したがって，信用関係が成立する。信用が成立するなら信用が貨幣金にとってかわる。とくに金ドル交換停止以降は信用による貨幣節約が極限に達した。ここでは，金廃貨論が妥当するように見える。しかしながら，一般的運動では，前述したように金が表にあらわれてくるのでここでは金廃貨論は妥当しない。

注
1) K. Marx, *Das Kapital*, I, MEW, Bd. 23, S. 159（邦訳『資本論』第1巻第1分冊，大月書店，189頁）．
2) K. Marx, *Zur Kritik der politischen Ökonomie*, MEW, Bd. 13, S. 126-127（邦訳『マルクス・エンゲルス全集』第13巻，大月書店，128頁）．
3) 流通空費としての貨幣費用一般については，大吹勝男『流通費用とサービスの理論』（梓出版社，1985年）第3章を参照．
4) IMF, *Annual Report*, 1984, p. 60.
5) Sozialistischen Studiengruppen（SOST），*Gold, Preise, Inflation*, Hamburg: VSA, 1979, S. 43. スウィージーとマグドフも，先進資本主義諸国では金で保有されている準備の比率は，金を市場価格で測れば60％にものぼっていると指摘している．P. M. Sweezy and H. Magdoff, *The Deepening Crisis of U. S. Capitalism*, New York: Monthly Review Press, 1981, p. 154（伊藤誠訳『アメリカ資本主義の危機』

TBS ブリタニカ，1982年，198頁）．
6） 拙著『現代貨幣論——信用創造・ドル体制・為替相場』（青木書店，1999年）第1章を参照．
7） アメリカの金委員会の報告書によると，1971～80年の10年間の世界の年平均金産出高は4259万オンスで，そのうち南アフリカの占める比率は58.2％である（なおソ連は20.5％）．*Report to the Congress of the Commission on the Role of Gold in the Domestic and International Monetary Systems*, 1982, Vol. I, p. 191.
8） Rae Weston, *Gold—A World Survey*, London: Croom Helm, New York: St. Martin's Press, 1983, p. 304.
9） 金の市場価格について詳しくは，拙著『現代インフレーション論』（大月書店，1977年）第4章を参照．
10） 金の市場価格から事実上の価格標準を推定する試みとしては，前掲拙著『現代貨幣論』第5章を参照．
11） 価値尺度である金の価値変動は，諸商品の価格に影響を及ぼすのであるが，この点について検討しておく．まず，金の価値変動についてであるが，鉱産物である金の価値は原理的には農産物と同様に限界地によって規定されるのであって，この金の価値変動を金生産の労働生産性の変化によって把握するとしても，金生産の労働生産性は平均的な値であって，これは金の価値（限界価値）の変動の指標とはなりえない．しかしながら，他に方法がないので，金生産における平均的労働生産性の推移を明らかにした西ドイツの研究グループSOST（前出）の資料を紹介する．SOSTの研究では，南アフリカの産金業について，各年の産金労働者数と産金量との比率をもって産金業の労働生産性の指標としている．つまり労働者1人当たりの産金量（単位グラム）を算定した．この値は，平均的生産性の変化を示しているのであって，限界金山の生産性の変化を示すものではないという資料上の限界を有していることは前述のとおりである．他方，SOSTはアメリカと西ドイツについて工業における労働生産性の指数を算出している．この指数は工業純生産高指数と投入労働量指数との比率であり，投入労働量は労働者数と労働時間に関する資料にもとづいている．上記の手続きで作成された南アフリカの産金業の労働生産性指数と，アメリカ・西ドイツの工業の労働生産性指数とを並べて掲げよう（表1-7）．

　金生産の労働生産性は1970年以降やや低落するが，全般的には南アフリカの産金業においてもアメリカ・西ドイツの工業生産においても労働生産性はともに上昇していることが確認できるであろう．これは，金の価値が低下しているが，同時に一般商品の価値も低下していることを物語る．しかも，1970年以前では，金生産の生産性の変化と西ドイツの生産性の変化とはほぼ並行している

表 1-7 南アフリカの産金業および西ドイツ,アメリカの工業の生産性指数　　(1953 = 100)

	南アフリカ産金業の生産性指数	西ドイツ工業の生産性指数	アメリカ工業の生産性指数
1950	94.4	86.7	94.3
1951	94.8	92.6	96.7
1952	97.0	96.0	97.3
1953	100.0	100.0	100.0
1954	103.2	105.4	100.0
1955	109.4	112.3	108.1
1956	116.4	116.5	106.4
1957	116.4	124.5	107.3
1958	128.8	129.6	106.1
1959	132.1	139.8	114.2
1960	138.1	151.3	114.8
1961	144.6	158.7	117.7
1962	163.1	168.1	125.6
1963	180.7	177.5	130.9
1964	192.7	191.3	137.8
1965	205.7	199.8	144.8
1966	210.7	206.5	147.3
1967	213.4	218.5	145.4
1968	215.0	231.3	152.5
1969	218.8	247.1	156.1
1970	218.0	254.6	154.6
1971	212.7	267.1	163.1
1972	203.9	285.2	171.2
1973	183.7	303.9	174.2
1974	173.9	313.9	167.5
1975	174.8	323.7	166.3

出所：Sozialistischen Studiengruppen (SOST), *a. a. O.*, S. 123, Tabelle A13 より。

ことが読み取れる。また,アメリカの工業生産の生産性の上昇は金生産の生産性の上昇テンポにやや遅れをとっていたが,70年代に入ると両者はほぼ並行した動きを示している。以上のことから,きわめて大雑把ではあるが,価値尺度である金の価値は低下していくが,同時に一般商品の価値も低下していき,長期的には両者の傾向に大きな差はないので,金の価値変動は商品の価値変動と相殺しあっており,金の価値変動が一般商品の価格変動として反映される程度は小さいということができよう。

12) 前掲拙著『現代インフレーション論』第4章を参照。

13) 前掲拙著『現代貨幣論』第5章を参照。
14) 産金コストは，自然的条件のほかに，国家の補助金や，産金労働者の労働条件等によっても規定される。とくに，南アフリカの産金業における黒人労働者の賃銀その他の労働条件の非人道的劣悪さはすさまじいものがある。たとえば，T. グリーンは，最近10年間に，白人労働者と黒人労働者の賃銀の格差は20対1から7対1に縮小したと指摘している（T. Green, *The New World of Gold*, New York: Walker & Co., 1981, p. 51）。その他南ア金山の労働条件については，Sozialistischen Studiengruppen（SOST），*a. a. O.*, S. 19–20 参照。
15) K. Marx, *Das Kapital*, III, MEW, Bd. 25, S. 620（邦訳『資本論』第3巻第2分冊，大月書店，782頁）。

補注

● 松本朗「現代における金（Gold）の貨幣性――金生産，金生産コスト，金市場価格――」（秋山誠一・吉田真広編『ドル体制とグローバリゼーション』駿河台出版社，2008年，第8章）を参照。

第2章　ドル体制下の日本
―― 日本からアメリカへの富の移転 ――

はじめに

　内橋克人は日本を覆う徒労感について次のように述べている。「日本経済の現実について思いをめぐらせる時，よく一葉の絵柄が浮かんできます。果樹園で汗水垂らして蜜柑を育てあげ，やっと，収穫の季節がやってきた。それで一番うまそうなのを手にとって，さて，味わってみようとすると，せっかくの果実に早くも三本の頑丈なストローが外から付き刺さっていて，誰が吸い上げているのかは定かではないけれども，中身のジュースが，それらストローによって吸い上げられている。／三本のストローは透明で，収穫するまではよく分からなかったけれども，確かに中身のジュースが吸い取られている。いったい，このストローはどこから入ってきたものか，と」[1]。

　内橋克人は，以下この3本の透明なストローについて議論を展開していく。筆者はこの内橋の比喩を借りて，本章では，現代のドル体制のもとにおいて，アメリカから日本に突き刺さった透明なストローの機構，およびどれだけ中身のジュースが吸い取られているのかを考察したい。

第1節　日米間の不等労働量交換

　日本とアメリカについて，国民所得統計と労働統計を利用して，製造業における純付加価値および年間総労働時間（就業労働者総数と月あるいは週労働時間の統計資料から）を算定できる。したがって，これらの資料から製造業において1時間当たり生産される価値額（円およびドル表示）が算定可能である。1時間当たりの新価値あるいは付加価値である。この値が算定されると，逆に1ドルや1円であらわされる時間が算定可能である。次に，各年

表2-1 日本とアメリカの国民的労働の交換比率

年	1960	1965	1969	1970	1975	1980	1988	1990
アメリカ	1	1	1	1	1	1	1	1
日本	7.6	5.6	3.6	2.93	1.79	1.66	1.57	1.39

出所：拙著『現代貨幣論』(青木書店，1999年) 221頁。

次の平均為替相場（ただし1973年以前は固定為替相場）の資料にもとづいて，アメリカの何時間と日本の何時間が交換されるかが算定でき，したがって，アメリカの1時間労働と日本の何時間労働とが交換されているか算定できる（表2-1参照）。各国通貨の交換比率である為替相場の背後には，各国の労働量の交換比率が横たわっている。製造業についてのみの資料であるから，この数字をどのように解するかは，国際価値論的にも種々問題のあるところではある。しかし，表2-1は国民的労働の交換比率の一種の近似値を示していると解することができよう。とすれば，表2-1が物語るのは，1990年までに関してではあるが，日米間の不等労働量交換である。1960年にはアメリカの1時間労働と日本の7.6時間労働との交換という大幅の格差があった。その後，しだいにこの日米間の格差は縮小し，1990年にはアメリカの1時間労働と日本の1.39時間労働との交換ということになる。このようなアメリカへの日本の追い上げは，日本の国民的労働の生産性の上昇率がアメリカのそれを上まわっていたことを意味する。しかしながら，少なくとも1990年まで日本はアメリカとの交易関係で不等労働量交換を強いられていたのである。

第2節　ドル建て対外債権の減価

1　長期的円高ドル安傾向による為替差損の発生

　日本の国際収支黒字の中身が問題で，ドルが国際通貨であるドル体制のもとで日本の外貨準備の大部分がドル建てであり，対外債権もまたドル建てであり，ドルの減価にともなって為替差損が発生する。

　変動相場制移行後の現実の円とドルとの為替相場を購買力平価と対比して

第2章　ドル体制下の日本　41

図2-1　購買力平価を反映する為替レート
(円/ドル)

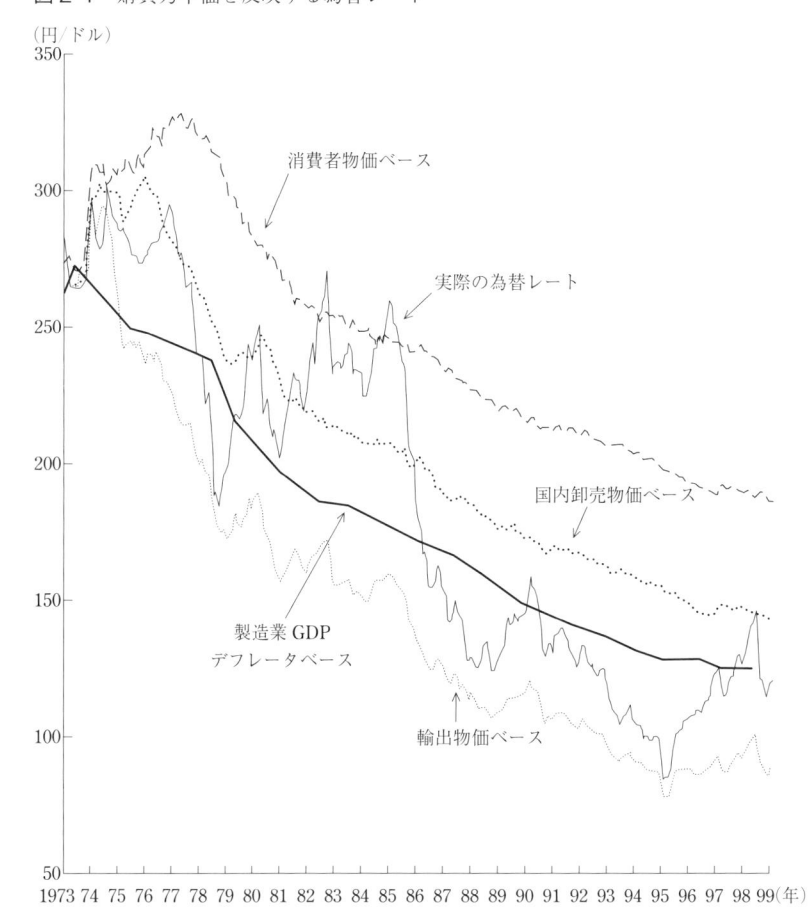

注：1）経済企画庁「国民経済計算」，日本銀行『物価統計月報』，アメリカ商務省 *Survey of Current Business* 等により作成。
　　2）実際の為替レートは，インターバンク直物中心相場の月中平均。
　　3）購買力平価は，1973年の実際の為替レートを基準に以下のデータを用いて算出した。
　　　①製造業GDPデフレータベースは，貿易財製造業（食料品，繊維，パルプ・紙，化学，石油・石炭製品，窯業・土石製品，一次金属，金属製品，一般機械，電気機械，輸送機械，精密機械の12業種。日本は食料品を除く）のGDPデフレータ。
　　　②国内卸売物価ベースは，日本は国内卸売物価，アメリカは生産者物価。
　　　③輸出物価ベースは，日本は輸出物価，アメリカは輸出価格。
出所：経済企画庁『1999年版 経済白書』。

表2-2 アメリカの対外債務残高（在米銀行の報告による）

Item	1996	1997	1998
Total, all foreigners	**1,162,148**	**1,283,787**	**1,344,175**
Foreign countries	**1,148,176**	**1,272,097**	**1,332,365**
Europe	376,590	420,432	426,980
Austria	5,128	2,717	3,181
Belgium and Luxembourg	24,084	41,007	42,819
Denmark	2,565	1,514	1,430
Finland	1,958	2,246	1,862
France	35,078	46,607	44,630
Germany	24,660	23,737	21,357
Greece	1,835	1,552	2,066
Italy	10,946	11,378	7,104
Netherlands	11,110	7,385	10,760
Norway	1,288	317	710
Portugal	3,562	2,262	3,235
Russia	7,623	7,968	2,442
Spain	17,707	18,989	15,775
Sweden	1,623	1,628	3,027
Switzerland	44,538	39,023	50,654
Turkey	6,738	4,054	4,286
United Kingdom	153,420	181,904	181,540
Yugoslavia	206	239	258
Other Europe and other U.S.S.R	22,521	25,905	29,844
Canada	38,920	28,341	30,212
Latin America and Caribbean	467,529	536,393	554,526
Argentina	13,877	20,199	19,012
Bahamas	88,895	112,217	118,050
Bermuda	5,527	6,911	6,841
Brazil	27,701	31,037	15,790
British West Indies	251,465	276,418	302,011
Chile	2,915	4,072	5,008
Colombia	3,256	3,652	4,615
Cuba	21	66	62
Ecuador	1,767	2,078	1,572
Guatemala	1,282	1,494	1,331
Jamaica	628	450	539
Mexico	31,240	33,972	37,143
Netherlands Antilles	6,099	5,085	5,019
Panama	4,099	4,241	3,860
Peru	834	893	840
Uruguay	1,890	2,382	2,445
Venezuela	17,363	21,601	19,887
Other	8,670	9,625	10,501

(単位：100万ドル)

Item	1996	1997	1998
Asia	249,083	269,379	305,633
China			
Mainland	30,438	18,252	13,040
Taiwan	15,995	11,840	12,708
Hong Kong	18,789	17,722	20,820
India	3,930	4,567	5,258
Indonesia	2,298	3,554	8,288
Israel	6,051	6,281	7,749
Japan	117,316	143,401	168,162
Korea (South)	5,949	13,060	12,454
Philippines	3,378	3,250	3,324
Thailand	10,912	6,501	7,360
Middle Eastern oil-exporting countries	16,285	14,959	15,123
Other	17,742	25,992	31,347
Africa	8,116	10,347	8,907
Egypt	2,012	1,663	1,339
Morocco	112	138	97
South Africa	458	2,158	1,517
Zaire	10	10	5
Oil-exporting countries	2,626	3,060	3,088
Other	2,898	3,318	2,861
Other	7,938	7,205	6,107
Australia	6,479	6,304	4,969
Other	1,459	901	1,138
Nonmonetary international and regional organizations	13,972	11,690	11,810
International	12,099	10,517	9,998
Latin American regional	1,339	424	794
Other regional	534	749	1,018

出所：Board of Governors of the Federal Reserve System, *Federal Reserve Bulletin*, May 1999, A54.

示したのが図2-1である。為替相場は短期的には乱高下しているとしても，長期趨勢的には円高ドル安傾向であることは確かである。要するに，変動相場制に移行した1973年以後4分の1世紀にわたってドルは長期的にみれば相対的に減価し続けているのである。

1998年末における在米銀行の報告による統計（表2-2）によると，アメリカの対外債務残高総額（国際機関を除く）1兆3324億ドルのうち対日債務残高は1682億ドルで12.6％を占めている。日本を上回る比率の国は，British

West Indies（3020億ドル，22.6％）とイギリス（1815億ドル，13.6％）の2国のみである。なお，フランスは446億ドル，ドイツは214億ドルである[2]。いかに日本が相対的に多くの対米債権を有しているか明らかであろう。

　為替差損に関してよく指摘されるのは，1971年8月の金ドル交換停止のさいの日本の通貨当局の為替操作である。海外の為替市場がいっせいに閉鎖されたなかで，東京為替市場のみは，金ドル交換停止によるドルの急速な下落が必然であるにもかかわらず，8月16日から8月27日まで12日間市場を開け続けた。そして固定相場を維持するため日本銀行は1ドル360円で為替市場にドル買い円売り介入をおこなった。この間に日本銀行が買い介入した42億8000万ドルの外貨は，変動相場制移行後のドルの減価によって約2000億円の為替差損を受けた。この結果，1971年度下半期の日銀の国家納付金はゼロとなった。本来，民間の為替銀行がこの為替差損を受けざるをえないのだが，日銀が介入することによって，為替銀行が受ける為替差損を日銀が肩代わりしたわけである。しかも，この損失は日銀の国庫納付金ゼロというかたちで，結局のところ税金に，したがって国民一般に転嫁されている。

　以下，日本の受けた為替差損の例をあげていこう。

　日本の通貨当局は経常収支黒字のためドル買い介入によって得たドルでアメリカの国債を購入し，外貨準備をアメリカ国債のかたちで保有している。こうして，日本の経常収支黒字の一部すなわち日本人の汗の結晶がアメリカの財政収支赤字をまかなっているわけである。しかも，ドル安にともなって保有するアメリカ国債は減価していく。たとえば，日本銀行の1987年度上期の決算では，当期純益金は618億円であるが，保有アメリカ国債などの為替差損が1926億円であった。このため償却準備金の取り崩しなどによって自己資本を3221億円減額し，これと純益金などを合わせて国庫納付金3840億円をひねり出した。こうして日本銀行は税法上は欠損法人に転落し，法人税も事業税も納付してはいない[3]。これも国民一般の税負担にはね返ってくることはいうまでもない。

　また，日本総合研究所の試算によると，日本銀行の為替市場介入によって保有するドル建て資産には1973年度から1995年度末までに累積9兆7030億円

図2-2　対外純資産の為替差損

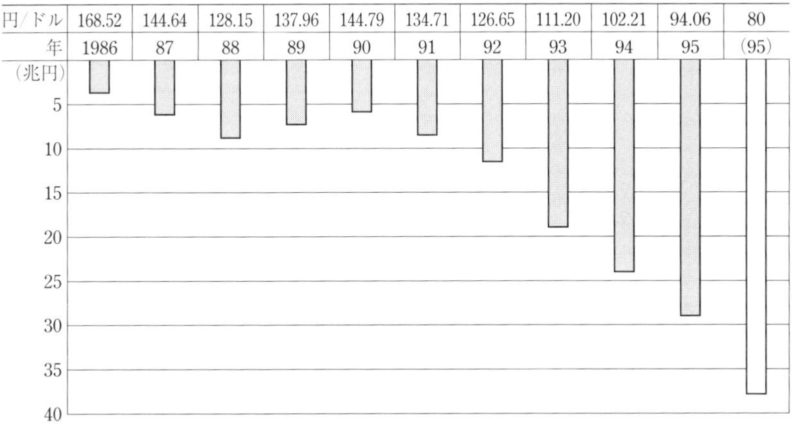
円/ドル
168.52
144.64
128.15
137.96
144.79
134.71
126.65
111.20
102.21
94.06
80
年
1986
87
88
89
90
91
92
93
94
95
(95)
(兆円)
5
10
15
20
25
30
35
40

注：円ドル・レートは年平均。
出所：吉川元忠『マネー敗戦』(文藝春秋社，1998年) 147頁。

の為替差損が発生している[4)]。

日本の通貨当局のみならず民間の生命保険会社もアメリカ国債に多額の投資をしている。民間機関である以上アメリカと日本の利子率格差を考慮した投資ではあるが，そのかなりの部分が自主的な投資というよりもドル体制維持のための大蔵省からの行政指導によるものとみなされる[5)]。ここでも，生命保険会社は為替差損を受けていることはいうまでもない。日本の生命保険会社大手7社の1986年度決算によると，外債や外貨預金などドル建て資産が目減りし，評価損および売却損を含めた為替差損は7社合計で1兆7000億円を上回ったという[6)]。生命保険会社の経営の悪化は，やがて保険料の引き上げを余儀なくさせ，ここでもまた，国民一般に負担が転嫁されることになる。

また年金福祉事業団の発表によると，1998年度の資金運用事業状況では98年度末の累積赤字は時価ベースで1兆2381億円である。この原因は，年度後半における株式・債券相場の低迷と，円高による外貨建て資産の目減りとのことである[7)]。年金財政においてもドル建て債権の為替差損が影響しているのが現状である。

上記のアメリカ国債購入を含めて日本の対米投資は増大していき，日本の

表2-3 日本とアメリカの対外資産負債残高

		1980年	1985年	1990年	1992年	1993年
アメリカ	資産計	9,363	13,091	21,800	23,250	27,425
	公的準備資産	1,714	1,179	1,747	1,474	1,649
	政府資産（公的準備資産を除く）	639	878	820	807	810
	民間資産	7,010	11,034	19,233	20,968	24,966
	内 直接投資	3,962	3,948	6,200	6,594	7,148
	証券投資	625	1,194	3,423	5,151	8,535
	負債計	5,437	12,172	23,863	27,232	30,182
	公的負債	1,761	2,025	3,733	4,373	5,094
	その他の対外負債	3,677	10,147	20,130	22,859	25,087
	内 直接投資	1,259	2,313	4,673	5,005	5,509
	証券投資	741	2,079	4,606	5,994	6,964
	純資産	3,925	919	△2,063	△3,982	△2,756
日本		\multicolumn{5}{c}{ドル表示 旧系列}
	資産計	1,596	4,377	18,579	20,352	21,809
	公的部門	470	645	2,022	2,561	3,170
	民間部門	1,125	3,732	16,557	17,791	18,639
	内 直接投資	196	440	2,014	2,481	2,598
	証券投資	214	1,457	5,638	6,555	6,960
	負債計	1,480	3,079	15,298	15,216	15,701
	公的部門	188	391	929	1,356	1,550
	民間部門	1,292	2,688	14,369	13,860	14,150
	内 直接投資	33	474	99	155	169
	証券投資	302	848	3,345	4,314	4,568
	純資産	115	1,298	3,281 (44,106)	5,136 (64,153)	6,108 (68,823)

注：1）日本の統計は1995年から従来のドル表示を中止し，円表示に切り替えた。また，1996年の国際収支統計の
　　　て，表中の「旧系列」とは改訂以前の項目であり，新系列の数字は，編者が旧系列の項目に組み替えたも
　　2）（　）内は円表示。
出所：田中尚美編『統計資料集 1999』（産業統計研究社）45頁。
原資料：日本銀行『国際収支統計月報』1988年4月号。

対外純資産は1985年以降着実に増大を続けて世界最大の対外純資産を有する国となった。対外純資産と経常収支との間には，今年末の対外純資産＝前年末の対外純資産＋今年の経常収支という関係式が成立する[8]。日本は経常収支の黒字を継続して，対外純資産を増大し続けたのである。しかしこの対外

第 2 章　ドル体制下の日本　47

(単位：億ドル，10億円)

	1994年	1995年	1996年	1997年
	29,018	32,968	37,670	42,373
	1,634	1,761	1,607	1,348
	804	810	817	815
	26,580	30,397	35,246	40,210
	7,521	8,497	9,370	10,239
	8,897	10,544	12,802	14,463
	32,537	38,999	45,341	54,609
	5,352	6,716	8,011	8,339
	27,185	32,283	37,330	46,270
	5,612	6,143	6,670	7,518
	7,397	9,714	11,995	15,780
	△3,519	△6,031	△7,671	△12,236

円表示

新系列

24,242	248,362	280,175	270,738	307,703	355,731
3,972	41,478	48,836	26,477	27,360	29,517
20,271	206,885	231,339	244,261	280,343	326,214
2,756	27,512	30,459	24,520	29,999	35,334
7,536	75,813	85,942	88,257	108,711	117,821
17,353	181,549	203,184	186,666	204,344	231,145
1,981	21,123	23,819	16,690	18,288	27,520
15,371	160,426	179,364	169,976	186,056	203,625
192	2,035	2,041	3,448	3,473	3,519
5,323	56,433	63,233	56,379	64,840	76,226
6,890 (66,813)	66,813	76,991	84,072	103,359	124,587

改訂にともない，1995年の統計から新系列が公表されており，旧系列とは連続しない。したがっ
のである。

　純資産は基本的にドル建てであって，ドル安円高により減価し為替差損を受ける。吉川元忠は1986年以降の，各年の日本の対外純資産残高の目減り分を円で算出している（図2-2）。これによると，対外純資産残高の目減りは円高が進展する1990年以降顕著であり，とくに1995年には30兆円近くに達してい

表 2-4 先進国貿易インボイスの自国通貨比率（1988年）　　　（単位：％）

	日 本	アメリカ	イギリス	ドイツ	フランス
輸 出	34.3	96.0	57.0	81.5	58.5
輸 入	13.3	85.0	40.0	52.6	48.9

出所：George S. Tavlas and Yusuru Ozeki, "The Internationalization of Currencies: An Appraisal of the Japanese Yen," *IMF Occasional Paper*, No. 90, 1992, Table 17.

る。アメリカから差し込まれた太いしかも透明なストローで日本の国富がこのように吸い取られているのが現状である。

　他方，アメリカは多年にわたる経常収支赤字の累積の結果，外資依存の体質を深め1987年以降対外純債務国に転落し，世界最大の対外純債務国である（表2-3）。ドルの減価とともにこの債務も目減りし，アメリカのドル債務は切り捨てられていく。趨勢的な円高ドル安の条件下では，アメリカの対日ドル債務および日本の対米ドル債権がともに減価し，アメリカには債務者利得が日本には債権者損失が生じる。こうしたことが生じる基本的原因は，日本の対外債権の大部分が円建てではなくドル建てであるところにある。かつての債権大国はすべてその対外債権の中身は自国通貨建てであった。イギリスはポンドで，アメリカは自国通貨ドルで対外投資をおこなった。しかし，これに対比して現代の債権大国日本は，自国通貨建てではなく主としてドル建てで対外投資をおこなっている。

　為替差損を受けるにもかかわらず，日本がアメリカ国債を購入し続けたのはなぜか。もしジャパンマネーを引き揚げればドルは暴落せざるをえない。日本の対外資産の大部分がドル建てであるから，ドル暴落は日本の対外資産の減価をもたらす。日本はアメリカと運命共同体とならざるをえない。ここにドル体制に全面的に組み込まれた日本の姿があらわれているといえよう。

2　貿易におけるドル建て取引

　日本の対外債権の大部分がドル建てであるのは，基本的に貿易取引において自国通貨建ての比率が少なく，ドル建ての比率が高いからである。表2-4に示されるように，1988年では日本は自国通貨建ての比率は輸出において

図2-3 業種別にみた輸出における外貨建ての割合（1992年度実績）

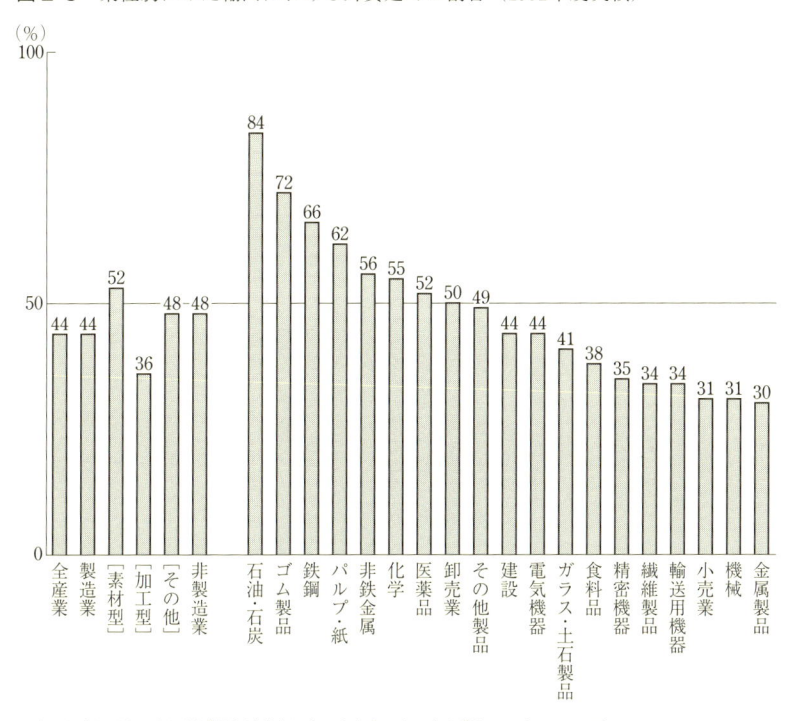

業種	%
全産業	44
製造業	44
［素材型］	52
［加工型］	36
［その他］	48
非製造業	48
石油・石炭	84
ゴム製品	72
鉄鋼	66
パルプ・紙	62
非鉄金属	56
化学	55
医薬品	52
卸売業	50
その他製品	49
建設	44
電気機器	44
ガラス・土石製品	41
食料品	38
精密機器	35
繊維製品	34
輸送用機器	34
小売業	31
機械	31
金属製品	30

出所：経済企画庁調査局編『景気低迷と円高に立ち向かう日本企業』1994年，32-33頁。

34.3％，輸入において13.3％であり，他の先進国に比べて著しく低い。とくにドイツとは際立って対照的である。ドイツをはじめとしてヨーロッパの貿易相手国は圧倒的にヨーロッパであり，ヨーロッパはヨーロッパどうしで取引している。これに対して，日本は対米輸出依存度が高い。日本にとってアメリカ市場は3割市場と呼ばれてきたように，国際収支統計によれば，1998年においてアメリカ1国への輸出の比率は30.4％（アジア全体への輸出の比率は34.5％）である。1992年度において業種別にみた輸出入における外貨建ての比率を示したのが図2-3および図2-4である。なお，1975年から1990年にいたる日本の輸出入における円建てとドル建ての比率は表2-5に表示されている。円建ての比率が徐々に増加してはいるが，まだ輸入でのドル建て比

表 2-5　日本の貿易取引における円建てドル建て比率　　　　　　　　　（単位：％）

年		1975	1980	1983	1986	1987	1988	1989	1990
輸出	円	17.5	29.4	40.5	35.5	34.7	34.3	34.7	37.5
	ドル				54.2	55.6	53.2	52.4	48.8
輸入	円	0.9	2.4	3.0	9.7	11.6	13.3	14.1	14.4
	ドル				83.2	80.5	78.5	77.3	75.9

出所：George S. Tavlas and Yusuru Ozeki, *op. cit.*, Table 16.

図 2-4　業種別にみた輸入における外貨建ての割合（1992年度実績）

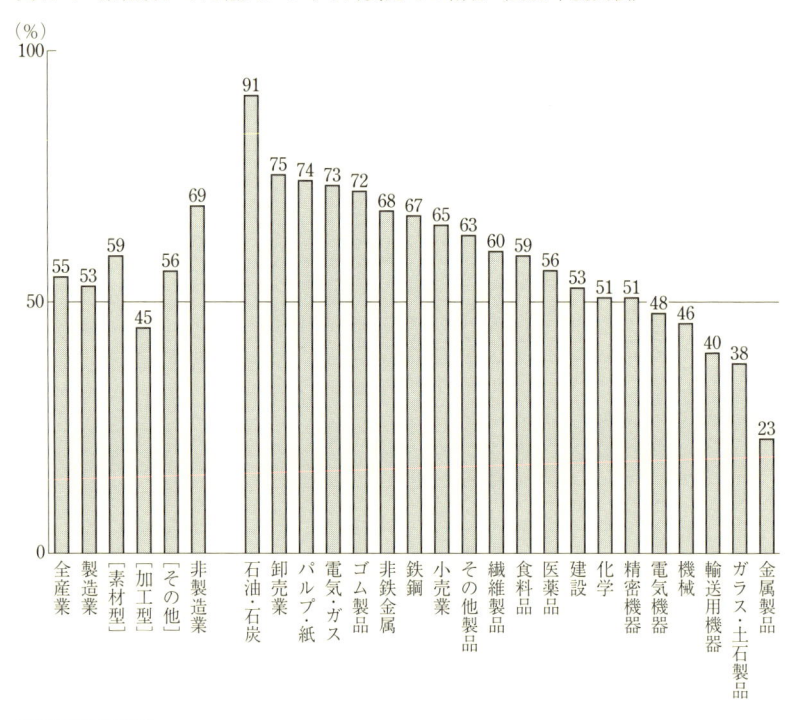

業種	％
全産業	55
製造業	53
［素材型］	59
［加工型］	45
［その他］	56
非製造業	69
石油・石炭	91
卸売業	75
パルプ・紙	74
電気・ガス	73
ゴム製品	72
非鉄金属	68
鉄鋼	67
小売業	65
その他製品	63
繊維製品	60
食料品	59
医薬品	56
建設	53
化学	51
精密機器	51
電気機器	48
機械	46
輸送用機器	40
ガラス・土石製品	38
金属製品	23

出所：図 2-3 に同じ。

率は約 8 割のままである。このため，日本の企業は他の先進国企業に比してドル為替相場の変動の影響を大きく受けることにならざるをえない。

第3節　低金利政策

1　バブルの形成とその崩壊

　アメリカはその財政収支の赤字をまかなうため資金を海外から導入する必要に迫られる。このためには，アメリカの金利を対外的に高くしなければならない。しかし高金利は国内の景気にとってはマイナス要因である。したがって，景気を維持しながら海外から資金を導入するには，アメリカの金利を低めると同時に海外との金利格差を維持する必要がある。アメリカはジャパンマネーの流入をはかるため日本に金利の引き下げを要求した。日本はこれに応えて，景気が上向いているにもかかわらず，1987年2月から1989年5月まで2年以上にわたって，史上最低の2.5％の公定歩合を設定し低金利政策をとった。銀行貸出において製造業の比率が減少し金融保険業と不動産業の比率が増大した。このことが，地価と株価の高騰をもたらす一要因となった。いわゆるバブルである。

　バブルの形成と崩壊の規模を具体的に示す統計として，国民資産・負債残高表がある（表2-6。ただし，国民資産のみを表示した）。資産・負債残高の内訳が示されているこの統計表には，調整額の項目があるが，これは前年末の総資産額と今年中の資産取引（総資産の増加額）との合計額と今年末の総資産額との差額である。前年末総資産残高＋今年中の資本取引＋調整額＝今年末総資産残高という関係が成立する。したがって，調整額は資産の評価額の1年間における増大あるいは減少を意味する。すなわち，調整額は土地や株式の値上がり幅あるいは値下がり幅を示しており，この値がバブルのプラスおよびマイナスの規模を概略的にあらわしているといえよう。

　図2-5は国民資産・負債残高表にもとづいて，形態別（土地と株式）の調整額の推移をグラフで示し，同時に名目GNPの額の推移を対比的に示したものである。

　図2-5が示すように，1985年以降89年までバブルの規模が増大し，86，87，89年には名目GNPの額を上回っている。たとえば，バブルの絶頂期である

52　第Ⅰ部　金・ドル体制・国際通貨国特権

表2-6　国民資産・負債残高

(単位：10億円)

項目	1988年末残高(昭和63年)	1989年間の資本取引	調整額	1989年末残高(平成元年)	1991年末残高(平成3年)	1992年間の資本取引	調整額	1992年末残高(平成4年)
1 有形資産	2,761,659.7	68,045.7	310,919.5	3,140,624.9	3,382,481.7	71,938.9	△249,806.2	3,204,614.4
(1) 在庫	67,073.7	3,057.8	2,180.8	72,312.3	79,052.4	1,593.9	△1,373.9	79,272.4
①製品在庫	16,023.2	637.3	432.8	17,093.3	19,309.3	654.8	△365.1	19,599.0
②仕掛品在庫	11,866.2	443.1	353.4	12,662.7	15,046.6	335.2	△151.8	15,230.0
③原材料在庫	11,162.4	455.3	502.0	12,119.7	12,460.8	23.3	△282.0	12,202.1
④流通在庫	28,021.9	1,167.6	960.8	30,600.3	32,539.1	616.4	△582.0	32,573.5
⑤控除項目	0.0	95.5	68.2	163.7	303.4	35.8	△7.0	332.2
(2) 純固定資産	805,937.2	60,902.1	21,387.5	888,226.8	1,049,957.3	65,377.7	△15,182.6	1,100,152.4
①住宅	182,462.2	13,344.8	5,424.5	201,231.5	230,406.2	11,062.1	△4,650.5	236,817.8
②住宅以外の建物	177,794.3	9,830.0	7,316.8	194,914.1	234,732.2	15,533.5	△1,878.7	248,387.0
③その他の構築物	301,813.1	15,884.2	11,625.0	329,322.3	391,626.6	19,484.6	814.8	411,926.0
④輸送機械	24,553.0	5,444.3	△1,506.9	28,490.4	36,453.8	5,466.9	△2,280.9	39,639.8
⑤機械器具等	119,314.8	17,751.7	△1,469.2	135,597.3	162,068.5	15,796.0	△7,704.9	170,159.6
⑥控除項目	0.2	△1,352.9	2.7	△1,355.8	5,330.0	1,965.4	△517.6	6,777.8
(3) 再生産不可能有形資産	1,888,648.8	4,085.8	287,351.2	2,180,085.8	2,253,472.0	4,967.3	△233,249.7	2,025,189.6
①土地	1,839,379.0	3,337.0	286,020.3	2,128,736.3	2,196,979.7	4,085.4	△232,983.8	1,968,081.3
(a)宅地	1,555,945.5	1,201.8	253,549.1	1,810,696.4	1,860,534.1	1,583.6	△206,059.6	1,656,058.1
(b)耕地	171,688.0	2,135.2	19,048.9	192,872.1	183,567.1	2,501.8	△15,878.1	170,190.8
(c)その他	111,745.5	0.0	13,422.3	125,167.8	152,878.5	0.0	△11,046.1	141,832.4
②森林	47,675.6	651.8	1,411.3	49,738.7	55,118.3	770.1	△131.5	55,756.9
(a)林地	11,559.6	651.8	299.0	12,510.4	11,708.5	770.1	△1,338.9	11,139.7
(b)立木	36,116.0	0.0	1,112.3	37,228.3	43,409.8	0.0	1,207.4	44,617.2
③地下資源	848.5	97.0	△79.4	866.1	720.6	111.8	△155.2	677.2
④漁場	745.7	0.0	△1.0	744.7	653.4	0.0	20.8	674.2

第2章　ドル体制下の日本　53

2　金融資産	3,228,949.3	314,233.8	169,710.9	3,712,894.0	3,801,710.0	116,960.1	△198,605.8	3,720,064.3
（1）現金通貨	30,497.4	4,973.2	0.0	35,470.6	36,653.9	211.9	0.0	36,865.8
（2）通貨性預金	99,115.9	△486.1	△1,718.0	96,911.8	112,402.4	4,633.3	0.0	117,035.7
（3）その他の預金	574,833.3	75,172.5	△3,022.5	646,983.3	728,177.4	25,741.0	0.0	753,918.4
（4）短期債券	21,136.2	1,623.0	0.0	22,759.2	20,905.8	1,406.2	0.0	22,312.0
（5）長期債券	347,010.5	11,041.9	1,904.4	359,956.8	382,920.5	25,918.0	△536.3	408,302.2
（6）株式	668,974.5	27,309.2	198,630.1	894,913.8	586,502.4	△6,695.2	△178,024.9	401,782.3
（7）日銀貸出金	8,474.0	△1,528.9	0.0	6,945.1	10,267.0	△3,048.5	0.0	7,218.5
（8）コール・買入手形	49,744.7	11,498.7	0.0	61,243.4	64,414.1	5,690.4	0.0	70,104.5
（9）コマーシャル・ペーパー	9,285.9	3,780.0	0.0	13,065.9	12,400.4	△201.7	0.0	12,198.7
（10）市中貸出金	535,666.8	65,506.1	0.0	601,172.9	695,334.3	17,044.8	0.0	712,379.1
（11）政府貸出金	193,264.8	14,901.0	0.0	208,165.8	239,302.2	20,837.2	0.0	260,139.4
（12）生命保険	140,076.9	24,321.0	0.0	164,397.9	204,799.6	20,834.7	0.0	225,634.3
（13）一般政府繰入金	2,830.5	569.4	0.0	3,399.9	7,541.5	259.2	0.0	7,800.7
（14）売上債権	240,433.3	31,493.0	△39,490.8	232,435.5	269,263.5	△13,955.3	△5,315.6	249,992.6
（15）その他の金融資産	307,604.6	44,059.8	13,407.7	365,072.1	430,825.0	18,284.1	△14,729.0	434,380.1
総資産	5,990,609.0	382,279.5	480,603.4	6,853,518.9	7,184,191.7	188,899.0	△448,412.0	6,924,678.7

注：暦年の数字。
出所：経済企画庁「国民経済計算」。

図 2-5 形態別調整額の推移

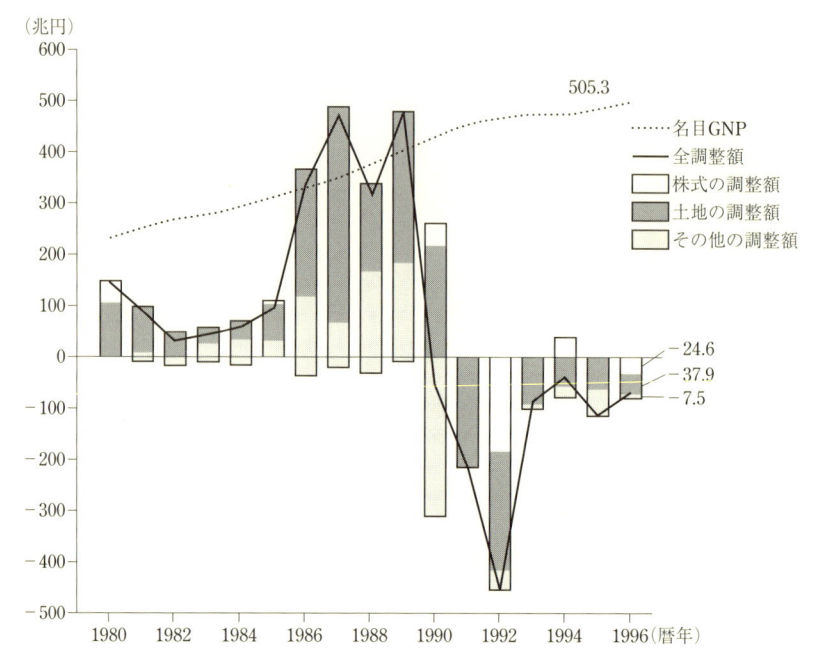

出所:『1998年版 国民経済計算年報』42頁。

1989年末における土地の値上がり幅(キャピタル・ゲイン)は286兆円,株式のそれは199兆円で(表2-6),同年の名目 GNP は397兆円である。1年間の土地と株式の値上がり幅(土地と株式を単に所有しているだけで得られる評価益)が,同じ1年間の国民の汗の結晶である GNP の額より大きいというのは,きわめて不健全な状態といわねばならない。バブルの最中の時期である1985年から89年にかけてのキャピタル・ゲインの累計額は約1730兆円に上っている。

単に不健全ということだけではない。このバブル期において投機とくに土地投機がますます盛んになり,銀行をはじめ多くの企業は不動産業と化して地上げ屋を使って土地の取得に血道をあげた。このため土地価格は急騰し,旧来の住民は土地から追い出され,相互扶助的な地域共同体は破壊され,街

図2-6 企業の土地および株式の含み益
①土地

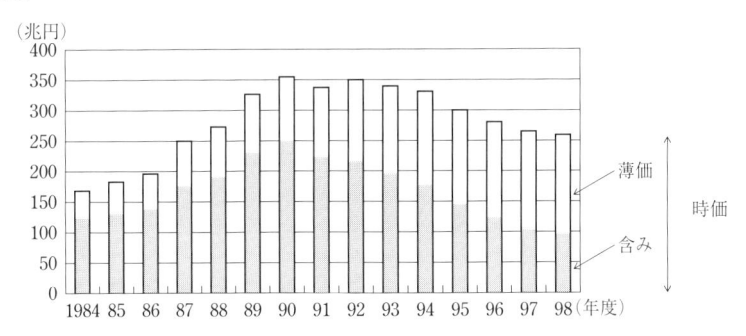

(兆円、1984年度〜1998年度、簿価・時価・含み）

②株式

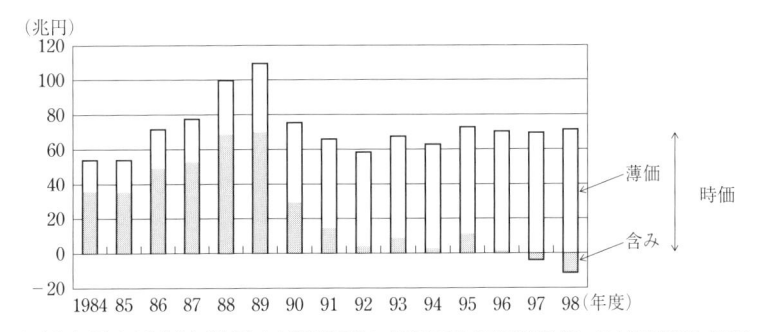

(兆円、1984年度〜1998年度、簿価・時価・含み）

注：1）大蔵省「法人企業統計年報」「法人企業統計季報」，経済企画庁「国民経済計算」，日本経済新聞社「日経平均株価」，日本不動産研究所「市街地価格指数」より作成．
2）資産のうち，固定資産の株式，土地につき，時価評価した．
3）資産の時価推計の方法は，1997年度年次経済報告付注1-12を参照．
ただし，1998年度については，大蔵省「法人企業統計年報」により簡易推計．
出所：『1999年版 経済白書』126頁．

の様相は一変した．持つ者と持たざる者との格差は拡大し，社会の断絶感は広がり，国中に殺伐とした気風が蔓延し，都市は住みにくい場所となった．取り返しがつかない悲劇的な変化であった．

さらに，バブルは銀行をはじめとして企業に含み益をもたらした（図2-6）．この含み益に依存した乱脈な経営がおこなわれ，銀行は絶えず高騰する土地や株式を担保に容易に過剰な融資をおこなった．企業においては過剰な設備

投資がおこなわれた。土地や株式の価格が右肩上がりに上昇しているかぎり矛盾は表面化しないですんだ。

　しかしながら，日銀は1989年低金利政策を修正し，1990年8月，公定歩合を6％まで引き上げた。図2-6が明らかに示すように，1990年に入って，依然として土地は高値を維持していたが，株価は年頭から急落しその評価損は約306兆6000億円に達した。1990年4月，不動産融資に対する総量規制の実施により1991年には土地価格も下落して評価損が発生した。以後，90年代末までバブルの崩壊が継続するが，とくに1992年末においては顕著で，土地の評価損は約233兆円，株式のそれは178兆円合計で400兆円を超えた（表2-6）。なお1997年末における評価損は，株式93兆円，土地52兆円で合計145兆円である[9]。バブルの崩壊が始まった1990年から97年までの評価損の累計額は約1400兆円であり，上述の1985年から89年までの評価益の累計額とほぼ見合っている。まさに幻の消滅であった。

　バブルの崩壊は，銀行をはじめとして企業に含み益の減少を，さらには含み損をもたらしたのは必然であった。とくに銀行の融資の担保価格が下落し，銀行貸出は不良債権化した。バブルの崩壊を契機として日本経済は戦後最大の長期不況に落ち込み現在にいたっている。過剰設備，過剰債務，要するに過剰資本が形成されているのであって，この過剰資本が整理されないかぎり不況は解消されないであろう。過剰資本の整理は大量の企業の倒産としてあらわれるが，倒産しない企業でももっぱらリストラという名の人員整理がおこなわれ，失業の増大，失業率の急上昇が生じている。

　さらに，バブルの形成と崩壊にともなって発生した含み益と含み損は，いまひとつ問題を引き起こした。BIS（Bank for International Settlements，国際決済銀行）による銀行の自己資本比率規制問題——国際業務を営む銀行は8％，国内業務のみの銀行は4％——である。自己資本比率規制が策定されるさい，日本は銀行の保有する有価証券の含み益の45％を自己資本の補完的項目として算入することを要請して認められた。このことは，株価の上昇が続いているかぎり日本にとって有利であったが，いったん株価が下落すると含み益は減少しさらには含み損が発生して，自己資本比率の計算上，分子の自己資本

が減少し日本の銀行の自己資本比率が低下せざるをえない。この8％という自己資本比率自体が妥当かどうかという問題があるが，ともかくこの規制が銀行の資金回収，融資縮小，貸し渋りを促進する一要因となっているのは確かである。この貸し渋りが主に銀行融資に頼る中小企業に大きな打撃を与えた。

　このような現在の日本経済の種々の苦境をもたらしたバブルの形成と崩壊は，上述のように結局のところアメリカの要求による低金利政策の帰結である。そしてバブルの形成によって生じた企業の含み益の存在が，為替差損にもかかわらず日本の対米投資（アメリカの財政収支の赤字をファイナンスする）を可能にした一要因とみなすことができるとするならば，日本は丸ごとアメリカの術中に陥ったとしかいいようがないであろう。アメリカから突き刺さったストローは単純ではなく複雑である。

2　ゼロ金利による所得移転

　『週刊東洋経済』は1999年5月1-8日号の特集で，ゼロ金利で所得移転が生じることによって得する人と損する人を列挙している。得する人としては，借金をしている企業や個人，銀行などの金融機関，証券会社・株式投資家（日本株価の上昇），輸出業者（円安転換），円資金の調達で日本進出をはかる外資，有利な金融商品を開発できる人，アメリカのウォール街（ニューヨーク株下支え），小渕首相をあげている。他方，損する人としては，年金生活者，預貯金者・保険契約者，公的・私的年金（積立金不足の表面化），生命保険や信託銀行などの機関投資家，無借金経営の企業，短資業者（インターバンク市場の空洞化），福祉文化事業などへの助成をおこなう財団・基金をあげている[10]。

　ところで，1999年2月，日銀の速水総裁はデフレ懸念の払拭が展望できるまで金利実質ゼロパーセントでいくと言明した。要するに景気の上昇を目的としてゼロ金利政策を実施したというのである。しかし，実体経済の不況が続くかぎり市中銀行の貸出は減少し続けて信用収縮が継続している。日銀は建て前として景気の回復を掲げているが，市中銀行による国債の購入がゼロ

表2-7 アメリカの国際収支

	投資収益収支 Investment Income Balance	資本収支 Capital Balance	貿易収支　Trade Balance（通関ベース）			対日貿易収支　Trade with Japan		
			輸　出 Exports (F.A.S)	輸　入 Imports (Customs)	貿易収支 Trade Balance	輸　出 Exports	輸　入 Imports	貿易収支 Trade Balance
	10億ドル	$ Bil.	未季調　Not Seasonally Adjusted, 10億ドル　$ Bil.					
1992	22.5	100.0	448.2	532.7	(−) 84.5	47.8	97.4	(−)49.6
1993	23.9	85.1	465.1	580.7	(−)115.6	47.9	107.2	(−)59.4
1994	16.5	136.8	512.6	663.3	(−)150.6	53.5	119.2	(−)65.7
1995	19.3	144.0	584.7	743.5	(−)158.8	64.3	123.5	(−)59.1
1996	14.2	194.6	625.1	795.3	(−)170.2	67.6	115.2	(−)47.6
1997	(−) 5.3	254.9	689.2	870.7	(−)181.5	65.7	121.4	(−)55.7
1998	(−)22.5	237.1	682.5	913.6	(−)231.1	57.8	121.9	(−)64.1

出所:『東洋経済統計月報』1999年8月、統計53。

金利による資金注入の本音であろう。事実、約7兆5000億円の公的資金導入後も市中銀行は貸出を増やすことなく国債の購入を増やすようである[11]。市中銀行としては実体経済の回復の見込みがなく、資本の円滑な還流が期待できないかぎり貸出をおこなうことは不可能であって、当面利益を得るためには収益の確実な国債を購入せざるをえない。

　市中銀行に国債を購入させる目的は、いうまでもなく国債価格下落（国債利回り上昇）の阻止である。国債利回りの低位、したがって長期金利の低位の維持のねらいは、景気対策にもあるが、同時にアメリカとの金利格差の維持であることはいうまでもない。ドル体制に組み込まれた日本にとって、アメリカの財政収支赤字をファイナンスするためアメリカとの金利格差の維持は至上の課題なのである。

第4節　ドルの特権による「横領」システム

　アメリカはその国民通貨であるドルが同時に国際通貨であるため、国際取引も国内取引と同様にアメリカの銀行システムにおけるドル建て預金の振替でおこなうことが可能である。対外受取りは非居住者預金口座から居住者預

貿易収支　Trade Balance（通関ベース）						
対 NIEs 貿易収支　Trade with NIEs			対 EU 貿易収支　Trade with EU		
輸　出 Exports	輸　入 Imports	貿易収支 Trade Balance	輸　出 Exports	輸　入 Imports	貿易収支 Trade Balance
未季調　Not Seasonally Adjusted, 10億ドル　$ Bil.						
48.6	62.4	(−)13.8	103.0	94.0	9.0
52.5	64.6	(−)12.1	97.0	97.9	(−) 1.0
59.6	71.4	(−)11.9	102.8	110.9	(−) 8.1
74.2	82.0	(−) 7.8	123.7	131.8	(−) 8.2
75.8	82.8	(−) 7.0	127.7	142.9	(−)15.2
78.3	86.1	(−) 7.9	140.8	157.5	(−)16.7
63.3	86.0	(−)22.7	149.6	175.9	(−)26.9

金口座への振替で，対外支払いは居住者預金口座から非居住者預金口座への振替でおこなう。したがって，アメリカは国際収支の赤字を，アメリカの銀行の預金（銀行の債務）で決済可能である。アメリカは信用創造によって預金を創出し，銀行預金は銀行の債務しかも非居住者預金は対外債務であるから，アメリカはその国際収支赤字を対外債務で決済できるという特権（国際通貨国特権）をもつのである。これに対して非国際通貨国はその国際収支の赤字を決済するには外貨という対外債権（対外資産）か金でおこなうしかない（資産決済）。

　ドル体制のもとでは，アメリカは国際収支の赤字（対外債務）を結果的には対外債務増で支払っているにすぎない。単純にいえば，ブレトンウッズ体制では借金の一部を金で返済し（金ドル交換というかたちで），借金の残りの部分をまた借金で支払っていたが，金ドル交換停止以後の現在のドル体制では，借金の全部をさらにまた借金で支払っているにすぎないのである。要するに，金ドル交換停止以後の変動相場制下では，アメリカは借金（対外債務）を増やして海外から商品を購入し，借金を返済しないまま放置しているのである。アメリカは国際間の最終的決済を繰り延べたままである[12]。かつて，フランスの国際経済学者 J.リュエフが，このような国際通貨制度を「歴

史上類をみないこの横領にも似た制度」[13)]と述べたのはまさに妥当というべきであろう。

さて，上記の考察を日米間で検討してみよう。表2-7が示すように，アメリカの貿易収支赤字額のうち対日貿易収支赤字額は約6割ないし3割と大きな比重を占めている。対 NIEs 貿易収支赤字や対 EU 貿易収支赤字を大きく上回っている。アメリカはこの赤字を債務で決済しているのであるから，日本の対米収支黒字は，日本がアメリカに供与した信用の額を示しているのである。アメリカは対日収支の赤字を非居住者預金で決済するのだが，この非居住者預金は日本の視点では対米債権にほかならない。したがって，日本から商品を輸入するさいには，アメリカは日本の対米債権で支払いをしており，アメリカは日本製品を日本からの借金で購入していることになる。逆にいえば，日本はアメリカに輸出したその製品を自分の対米債権で支払ってもらっているようなものである。これが，日本の経常収支黒字の内実である。そもそも日本の経常収支黒字部分は日本の国内生産額のうち国内消費額を上回った部分であり，国内の国民生活を豊かにするため（低家賃の公共住宅，介護施設等の社会保障施設の建設）に使用されないで海外に輸出された汗の結晶の一部である。アメリカは日本の対米経常収支黒字に相当する額の商品を日本からの借金で購入し，この借金を返済しないままである。しかも，このアメリカの対日債務は，上述のようにドルの減価とともに目減りしていく。これはアメリカによる日本からの「横領」以外のなにものでもないであろう。

注
1) 内橋克人『同時代への発言1 日本改革論の虚実』（岩波書店，1998年）286頁。
2) *Federal Reserve Bulletin*, May 1999, A54.
3) 『日本経済新聞』1987年11月17日付。
4) 同上，1996年5月2日付。
5) 松村文武『債務国アメリカの構造』（同文舘，1988年）146-147頁を参照。ここで「米国債　政治優先の日本勢落札　大蔵省が行政指導――30年債は4割落札　米の強い意向配慮」という『朝日新聞』（1987年5月9日付）の見出しを掲げている。

6) 『日本経済新聞』1987年6月17日付。
7) 同上，1999年7月30日付。
8) 新しいIMF方式の国際収支では，経常収支＋資本収支＋外貨準備増減＝ゼロ，であるから，経常収支＝－(資本収支＋外貨準備増減) となり，以下次式が成立する。

　　今年末対外資産＝前年末対外資産＋今年の対外資産増＋今年の外貨準備増
　　今年末対外負債＝前年末対外負債＋今年の対外負債増＋今年の外貨準備減
　　今年末対外純資産＝今年末対外資産－今年末対外負債
　　　　　　　　　＝(前年末対外資産－前年末対外負債)
　　　　　　　　　　＋(今年の対外資産増－今年の対外負債増)
　　　　　　　　　　＋(今年の外貨準備増－今年の外貨準備減)
　　　　　　　　　＝前年末対外純資産
　　　　　　　　　　－｛(今年の対外負債増－今年の対外資産増)
　　　　　　　　　　＋(今年の外貨準備減－今年の外貨準備増)｝
　　　　　　　　　＝前年末対外純資産
　　　　　　　　　　－(今年の資本収支＋今年の外貨準備増減)

　結局，今年末対外純資産＝前年末対外純資産＋今年の経常収支，という関係が成立する。
9) 『1999年度 国民経済計算年報』付録48頁。
10) 『週刊東洋経済』1999年5月1-8日号，26-27頁。
11) 『日本経済新聞』1999年3月31日付。
12) 詳細は拙著『現代貨幣論——信用創造・ドル体制・為替相場』(青木書店，1999年) 第6章「ドル体制とアメリカの国際通貨国特権」を参照。
13) Jacques Rueff, *Le Péché Monétaire de l'Occident*, Paris: Editions Plon, 1977 (長谷川・村瀬訳『ドル体制の崩壊』サイマル出版会，1973年，234頁)。

第3章　国際通貨国特権とアメリカの経常・資本取引
——変動為替相場制下のドル——

はじめに

　現行の国際通貨体制では，国際間の決済の多くはアメリカの銀行システムを使用してアメリカの銀行のドル預金の振替でおこなわれる。つまり，国際間の外国為替取引はアメリカの銀行の当座預金勘定間の振替をとおして決済される。最大の経済大国で世界の再生産と流通の中心であり金融流通の中心でもあり大多数の国々と多角的取引関係を結んでいるアメリカの銀行には，多数の非居住者名義のドル建て預金口座が集中している。このドル建て預金がそのまま国際通貨ドルであって，アメリカの銀行は対内的および対外的に信用創造（貸付による預金の創出）をおこない，ドル建て居住者預金およびドル建て非居住者預金を設定して，国際通貨を供給するのである。国際通貨国アメリカの民間（私的）銀行がその信用創造によって国際通貨を直接（輸出や借入をとおしてではなく）供給する点が肝要である。したがってまた，アメリカは対外支払いが自国通貨（ドル建て預金）で可能であるという国際通貨国特権を獲得するのである。

　ところで，元来取引の決済とは，取引で発生した債権債務関係を終了させ消滅させる操作である。以下この意味での決済を最終的決済と呼ぶ。金ドル交換が停止された現在の変動相場制はドル体制と呼ばれるが，のちに述べるように，このドル体制は国際通貨国アメリカによる赤字の最終的決済がまったく欠如した国際通貨制度なのである。最終的決済のない体制とは，国際間の債権債務関係がいつまでも繰り延べられ解消されることのない世界である。

　本章はこのような現行国際通貨制度における国際取引あるいは国際通貨関係の基本性格を解明することを課題とする。このためアメリカの経常取引と資本取引を国際通貨国特権とのかかわりにおいて考察する。

第1節　アメリカの経常取引における国際通貨国特権

1　個別資本間レベル（民間レベル）の国際決済

　国家間の経常取引の問題に入る前に，個別資本間（取引当事者間）の国際決済について検討し，次に述べる国家間の決済との相違をみておこう。

　個別輸出入業者間の債権債務関係は二国の外国為替銀行間の債権債務関係に集約され，この国際決済はアメリカの銀行の預金勘定の振替によっておこなわれる。

　いま日米間でアメリカの輸入企業 A，輸出企業 B，日本の輸出企業 X，輸入企業 Y の個別資本を想定しよう。まずアメリカの銀行の信用創造によって A に輸入代金が貸し付けられ A 名義の預金（居住者預金）が設定される。決済ではアメリカの銀行において A 名義（あるいは A の取引為替銀行名義）のドル預金が X 名義のドル預金（非居住者預金）に振り替えられ，ドル預金はアメリカの銀行システム内で A から X へ名義が移転するだけである。この振替・移転の基礎には，アメリカの企業 A はその預金（対銀行債権）で対 X 債務を相殺して決済するという関係・債権債務の相殺関係がある。しかも，たとえば輸入額が10万ドルの場合，A は10万ドルの預金（対銀行債権）で X に対する10万ドルの債務を支払うので，当然ここでは A の支払いにおいて債権額（対銀行債権である預金10万ドル）と債務額（対 X 債務10万ドル）は同額であるから完全相殺され最終的に決済される。いいかえれば，この相殺の結果としてアメリカの銀行システム内で預金が居住者口座から非居住者口座へ移転するのである。

　逆にアメリカの B が日本の Y へ輸出した場合の決済では，アメリカの銀行において Y 名義のドル預金（非居住者預金）が B 名義のドル預金（居住者預金）に振り替えられ，預金が移転する。この振替・移転の基礎にも，同様に日本の企業 Y はその預金（対銀行債権）で対 B 債務を相殺して決済するという関係・同額の債権債務の相殺関係があり，完全相殺によって最終的に決済がおこなわれる。

なお，非居住者間の取引においてもアメリカの銀行システム内部のこの関係は同様であることはいうまでもない（非居住者預金→他の非居住者預金）。

個別資本間では国際間の債権債務（輸出入によって発生した債権債務）は債権債務の相殺によって最終的に決済される点では，非国際通貨国日本も国際通貨国アメリカも相違はない。個別資本間での取引の支払いについては同額の債権債務関係が生ずるから完全に相殺され，結果として債権債務関係が消滅しているので最終的に決済されるわけである。ただここではアメリカの銀行の預金債務が一方から他方へ振り替えられ，銀行の視点からは債務の交換あるいは置換えが生じただけである。

ただし，アメリカの企業は自国通貨ドルで対外決済が可能であるから，自国の銀行の信用創造によって新規にドル預金が設定されるかぎり対外決済が可能である。これがアメリカの個別資本にとっての国際通貨国特権の内実である。他方，非国際通貨国の企業の対外決済の限度は，自国の銀行の信用創造でドル預金を創造できないので，既存の国際通貨ドル（外貨）保有額（輸出によって入手したドルあるいはドル借入額）に規定されざるをえない。

2　国家間レベル（公的レベル）の国際決済──アメリカの債務決済

個別資本間の対外債権債務関係は外国為替銀行間の債権債務関係をへて，最終的には両国の債権債務関係に総括され集約される。以下この問題を考察する。

個別資本間では前述のように一つの取引の支払いについて同額の債権債務関係が生じ完全相殺が成立し最終的決済がおこなわれる。しかしながら，国家間では一国総体について輸出総額と輸入総額とが同額となる必然性はなく，収支の赤字黒字のかたちで対外決済の不均衡が生ずるのが常態であり，完全相殺はありえない。

経常収支赤字の場合，対外支払い総額のうち対外受取り総額に相当する額については，対外債務額と対外債権額とが等しいので，総体として債権債務の相殺関係があり問題はない。問題は最終的な対外支払い差額である赤字部分である。

表3-1 アメリカの経常収支の状況

年次	経常収支(a) (単位：100万ドル)	国内総生産GDP(b) (単位：10億ドル)	対GDP比 (a／b)
1980	2,317	2,789.5	0.08%
1985	－118,155	4,220.3	2.80%
1990	－78,968	5,803.1	1.36%
1995	－113,567	7,397.7	1.54%
1996	－124,764	7,816.8	1.60%
1997	－140,726	8,304.3	1.69%
1998	－215,062	8,747.0	2.46%
1999	－301,630	9,268.4	3.25%
2000	－417,426	9,817.0	4.25%
2001	－384,699	10,127.9	3.80%
2002	－459,641	10,469.6	4.39%
2003	－522,101	10,960.8	4.76%
2004	－640,148	11,685.9	5.48%
2005	－754,848	12,433.9	6.07%
2006	－811,477	13,194.7	6.15%

原資料：合衆国商務省ホームページ（http://www.bea.gov/index.htm）。

　一国総体の赤字額は対外支払い総額のうち対外受取り総額を上回る部分で，国民経済規模では一方的に対外支払いをしている部分である。アメリカでは近年経常収支赤字が一方的に拡大し累積している。とくに1998年以降の赤字の増加は顕著で1998年には2000億ドルを，2000年には4000億ドル（対GDP比で4％）を，2006年には8000億ドル（対GDP比で6％）を超えた（表3-1）。

　赤字部分は，一方的な対外支払い部分であるから，アメリカの銀行システムにおける居住者名義のドル預金から非居住者名義のドル預金への一方的な振替部分である。結果として非居住者名義のドル預金が増加する。国民経済規模でみると，経常収支の赤字部分は非居住者名義のドル預金の増加によって決済される。アメリカの銀行にとって非居住者名義のドル預金は自己あての対外債務にほかならない。したがって，アメリカは経常収支の赤字という対外債務を非居住者名義のドル預金という対外債務の増加によって支払うのである。これは債務決済である。いいかえれば，アメリカは赤字を累積してドルが流出するといっても，アメリカの銀行の信用創造によって創出されたドル預金（銀行の債務）が，銀行システム内部で居住者口座から非居住者口

座に置き換わるだけである。国際通貨国特権とは，このように自国の銀行の信用創造によって国際通貨ドルを創出できるので対外決済が自己の債務によって可能なことである。したがって，のちにも述べるように非国際通貨国とは異なり，アメリカには経常収支の赤字を資本収支の黒字で，つまり外国からの借金で補うという必要はもともと存在しない。

ここで，あらためて信用創造とはなにかについて述べる。横山昭雄氏の見解を引用する。「銀行は主として企業に対して信用供与を行い，それに見合って自らの負債としての預金を生み出す。誤解をおそれずにいうならば，銀行はまさに『無から有を生み出すことができる』のであり，一般にこれを信用創造と呼んでいる」[1]。アメリカの銀行は信用創造によって無から有（国際通貨ドル預金）を創出する。この国際通貨国特権を持つためアメリカには経常収支赤字の補填問題は存在しないのである。

表3-2 アメリカの対外純資産および純債務

（単位：100万ドル）

年次	対外純資産・純債務
1980	360,838
1985	54,343
1986	－36,209
1987	－80,007
1988	－178,470
1989	－259,506
1990	－245,347
1995	－458,462
2000	－1,381,196
2001	－1,919,430
2002/r	－2,088,008
2003/r	－2,131,170
2004/r	－2,360,785
2005/p	－2,693,799

注：pは速報値　rは修正値。
出所：International Investment Position, *Survey of Current Business 2006*. 表3-1と同じ。

こうして，アメリカは経常収支赤字の歯止めを失い，この赤字を無視できるので国内の景気にブレーキをかけて輸入を抑制する必要もない。またアメリカは国際通貨国特権のゆえに一国総体として生産した額以上の消費，過剰消費が恒常的に可能である。この結果対外債務が累積し，アメリカは1980年代後半以降対外純債務国に転落した（表3-2）。

他方，非国際通貨国では，国によって差異はあるが，対外支払いの多くは国際通貨ドルでおこなわれるので，当然経常収支の赤字部分の決済もドルという対外債権でおこなわれる。ここでは債権決済あるいは資産決済である。したがって，非国際通貨国は手持ちのドル資金不足の場合にはドル資金の借入を必要とするのであって，アメリカとは異なり経常収支の赤字は資本収支の黒字でファイナンスせざるをえない。あるいは，赤字の回避のため国内の

景気にブレーキをかけ輸入を抑制せざるをえない。

　アメリカの債務決済とはなにを意味するのか。アメリカは前述のように対外債務を対外債務で支払っているにすぎないのであって，ここでは債権債務関係は消滅していない。債務決済とは一方の債務（アメリカの経常収支赤字）を別の債務（アメリカの非居住者預金債務）に置き換えただけである。この結果，アメリカには経常収支赤字が続くかぎり対外債務残高が累積していく。アメリカのドル建て対外短期流動債務残高といわれるものがこれである。

　ところで，対外債務を最終的に決済し債権債務関係を解消できるのは世界貨幣金か対外債権である。債務を債務で最終的に決済することはできないのであって，アメリカは最終的決済を繰り延べているだけである。支払いを債務でおこなう債務決済とは最終的決済の繰り延べ以外のなにものでもない。本章では，対外債務のたんなる決済と対外債務の最終的決済とを区別していることに留意されたい。通常，非国際通貨国はその対外債務を対外債権（対外資産）で決済する資産決済であるから，最終的決済は完了している。これに対して，国際通貨国アメリカのみは資産決済ではなく債務決済であるから，最終的決済は未完了である。現行の変動相場制とは，国際通貨国アメリカによる赤字の最終的決済が欠如した体制ということができよう。これがドル体制にほかならない。

　一般的に為替による決済は債権債務同額の範囲に限定され，この額を超える部分（赤字部分）は決済の繰り延べであって，この繰り延べは債権者が債務者へ支払い猶予を与えた信用供与にほかならない。ところで，国家間の場合，この信用はいかなる性格の信用であろうか。これは通常の民間における商業信用や銀行信用ではないのはもちろんであるが，公信用や国家間の借款でもない。債権国が債務国に支払い猶予を与えた点に関するかぎりでは個別資本間の商品の売買にともなう商業信用と共通な性格を持っている。アメリカは総体として対外購買額が対外販売額を上回っており，この販売額を超過した購買額に相当する額の信用を債権国から受けていることになる。したがって，アメリカの経常収支赤字の債務決済とは，黒字国がドル（対米債権）を受け取りアメリカの銀行内で非居住者預金として保有するかぎり，ア

メリカは黒字国から自動的にかつ一方的に総体としては赤字額に相当する信用を供与されていることを意味するのである。アメリカではその銀行の信用創造を起点とし，次に経常収支赤字をとおして非居住者ドル預金が一方的に増大するが，これはアメリカの対外債務の増大にほかならない。したがって，アメリカにおける信用創造の増大が，経常収支赤字を介して，アメリカへの黒字国の信用供与を増大させるという構図が浮かびあがってくる。

金本位制の場合には，国際間の債権債務の相殺差額の決済，最終的決済は世界貨幣金の現送によっておこなわれた。IMF体制下の固定相場制の場合には，アメリカは経常収支の赤字をさしあたり国際通貨ドルで決済するが，金ドル交換を通じて経常収支の赤字の一部を金によって最終的決済をし，残りの部分の決済を繰り延べた。ここでは，金ドル交換とは金本位制下の金現送に相当するものにほかならない。金ドル交換によってアメリカの公的金保有高が減少すると同時にアメリカの銀行システムにおいて非居住者ドル預金（対外債務）も減少する。これに対して，金ドル交換を停止した現行の変動相場制下では，アメリカは金による最終的決済をせず，すべての経常収支の赤字の最終的決済を繰り延べている。

ところで，国際間での最終的決済の繰り延べとは，将来世界貨幣金または対外債権（対外資産）による最終的決済が期待されることである。金による最終的決済は固定相場制の場合には金ドル交換というかたちで期待できたのだが，変動相場制ではこれを期待することはまったく不可能である。また，対外債権による最終的決済は対外債権の増大である輸出の増大であり結果として赤字の縮小をもたらす。しかし，アメリカはその国際通貨国特権のゆえに国際収支節度を欠いており，現にアメリカの経常収支赤字は近年ますます増大を続ける傾向にある。とすれば，対外債権による最終的決済への期待は現実性に乏しいであろう。したがって，いずれの期待も実現不可能な現在の変動相場制では，最終的決済の繰り延べというよりむしろ債務不履行というのが適切であろう。アメリカは黒字国に無期限の支払い猶予を受けているのと同然である[2]。これは正常な貨幣経済原則の破壊といわねばならない。最終的決済の欠如した体制・ドル体制とはこのような世界である。

表3-3 アメリカのドル建て対外債務残高（各年末現在） (単位：100万ドル)

	公的機関および銀行				その他銀行の外国支店に対する債務	その他の外国経済主体		
	計	預金	短期財務省証券	その他の債務		預金	財務省証券	その他の債務
1980	205,297	23,505	57,121	36,087	68,670	15,032	474	4,408
1985	435,726	74,955	64,819	48,222	173,381	63,430	4,314	6,606
1990	759,715	116,025	90,457	137,941	321,667	73,796	6,339	13,490
1995	1,099,549	152,721	184,756	244,612	396,290	64,285	12,599	44,286
2000	1,511,410	128,238	169,285	300,567	684,987	93,010	8,561	126,762
2001	1,630,417	93,996	173,860	285,599	792,291	94,009	12,255	178,407
2002	1,975,993	82,522	216,492	373,137	978,613	92,709	18,824	213,696

		非居住者預金		譲渡性定期預金証書および短期証券		その他証券	
	合計	外国公的機関および外国銀行	その他の外国人	外国公的機関および外国銀行	その他の外国人	外国公的機関および外国銀行	その他の外国人
2003	2,315,606	730,744	122,059	349,248	112,323	702,503	298,729
2004	2,911,516	800,316	154,756	447,742	186,210	842,321	480,171
2005	3,080,907	886,674	157,127	398,948	180,493	1,004,928	452,737
2006	3,851,558	1,076,714	238,576	380,304	242,314	1,262,926	650,724

注：少額の項目は省略したため，総数は合計額とは一致しない。
原資料：Treasury International Capital System, *U.S. Banking Liabilities to Foreigners*.
　　　　合衆国財務省ホームページ（http://www.treasury.gov/resource-center/data-chart-center/tic/Pages/ticliab.aspx　2010年12月10日アクセス）。

　アメリカの経常収支赤字累積の結果である対外債務残高（対外短期流動債務残高）はドル残高と呼ばれるが，ドル残高は激増している（表3-3）。この額はアメリカの最終的決済の繰り延べ額であり，金ドル交換の再開や輸出の増大の可能性がないかぎりでは債務不履行額である。また，ドル残高は対米黒字国からアメリカへの信用供与額，ただし支払い返済が保証されない信用供与額にほかならない。ただ，返済の保証されない信用供与といっても贈与とは異なる。贈与は価値の一方的譲渡であるが，この信用供与では債権国は対米債権を保有していることはいうまでもない。そして，この対外債権で将来対外債務を支払うことは可能である。ただし，多様なヘッジ手段が開発されているとはいえ，黒字国はドルの減価にともなってこの対外債権も減価し

て債権者損失すなわち評価損を受けている。

ドルが国際通貨であるかぎり、非国際通貨国は国際決済にアメリカの銀行システムを使用せざるをえない。そして、対米収支黒字国はアメリカの銀行システムを使用するかぎり対米黒字額のアメリカによる支払いは繰り延べられ、アメリカに対してこの分の信用（自動的かつ強制的）を供与せ

表3-4　世界の輸入に占めるシェア上位10国（2005年）

国　名	輸入額 (100万米ドル)	世界の輸入額に占めるシェア(%)
アメリカ合衆国[1]	1,732,350	17.51
中国	659,953	6.67
ドイツ	604,729	6.11
日本	514,988	5.20
イギリス	380,821	3.85
フランス	396,679	3.74
カナダ[2]	323,498	3.27
イタリア	297,405	3.01
香港	299,533	3.03
ベルギー	234,947	2.37

注：1）米領バージン諸島およびプエルトリコとの貿易は含むが、他の米領（グアム、米領サモア）との貿易は除く。
　　2）「輸入」はFOB価格。
出所：『世界の統計』（総務省統計局ホームページ http://www.stat.go.jp/data/sekai/09.htm）。
原資料：United Nations, *Monthly Bulletin of Statistics*, September 2006.

ざるをえないという関係におかれる。とすれば、黒字国がドル債権を受け取り保有しアメリカに信用供与する理由はなにか。もちろん、基本的にはドルは国際通貨として非国際通貨国の対外債務の支払いに用いられるからであるが、さらに追加的に次の諸要因が加わる。

第1の要因は、アメリカの他国との金利格差維持政策である（とくに日本はアメリカの金利より数パーセント低くするよう要求された）。黒字国は自国の金利より相対的に高い金利のアメリカの金融資産を購入して利子を取得できる。為替リスクを上回る金利格差があれば、保有するドルでアメリカの国債、株式等に投資し、この結果、ドルはアメリカに還流する。アメリカへのドルの還流とは、アメリカの銀行システムにおいて非居住者ドル預金から居住者ドル預金（国債の場合は政府預金）へ振替が生ずることである。ただし、このアメリカの高金利政策は国内景気（設備投資の抑制等）との関連や他国の金利政策への介入（日本におけるアメリカの要求による低金利政策のため発生したバブル、金融政策の自由度の低下等）の点で矛盾を引き起こさざるをえない。

表3-5 アメリカの貿易収支赤字に占める対日貿易赤字の割合

	1980	1985	1990	1991	1992	1995	1996
米国貿易輸入	−249,750	−338,088	−498,438	−491,020	−536,528	−749,374	−803,113
米国貿易輸出	224,250	215,915	387,401	414,083	439,631	575,204	612,113
貿易収支(a)	−25,500	−122,173	−111,037	−76,937	−96,897	−174,170	−191,000
対日貿易輸入	−31,275	−65,653	−90,380	−92,259	−97,408	−123,484	−115,181
対日貿易輸出	20,810	22,148	48,005	47,327	46,960	63,619	66,476
対日貿易収支(b)	−10,465	−43,505	−42,375	−44,932	−50,448	−59,865	−48,705
貿易赤字に占める対日赤字の割合(b/a)	41.04%	35.61%	38.16%	58.40%	52.06%	34.37%	25.50%

出所：表3-1に同じ。

　第2の要因は，黒字国がドルの受取りを拒否するとドルは暴落し，自国の対外債権がドル建ての場合，自国も同時に損失をこうむらざるをえないことである。世界最大の対外純債権国日本はとくにそうであって，ドルに依存しアメリカから自立できないでいる。

　第3の要因は，黒字国がドルの受取りを拒否するとアメリカの国際通貨国特権は失われアメリカの輸入が縮小する恐れである。これはアメリカ国内市場の縮小を意味し，同時に黒字国のアメリカへの輸出市場の縮小を意味するからである。アメリカの巨額で継続的な経常収支赤字が，黒字国の有効需要拡大の条件になっているのが現状である。ともあれ，アメリカは世界資本主義にとっての最大の商品輸出市場となっている（表3-4）。

　以上の三要因も加わって，非国際通貨国はドルを維持するための協調政策をとらざるをえない。そして，上記の諸要因はアメリカの経常収支赤字累積を許容する二次的要因でもある。

　なお，国際通貨ドルは前述のようにアメリカの対外債務（信用貨幣）なのであるから，国際通貨発行国アメリカは貨幣信用経済の原則として国際取引の安全と公正のため本来ドル価値の維持を義務づけられるはずである。ドルの減価（対内価値の減価であるインフレーションおよび対外価値の減価であるドル安）はアメリカ自身の対外債務の切り捨て（債務者利得）を，借金の部分的踏み倒しを意味するからである。いうまでもなく信用貨幣の価値の安定維持が円滑な信用関係・取引関係持続の基本条件である。しかしながら，

(単位：100万ドル)

1999	2000	2001	2002	2003	2004	2005	2006
−1,031,784	−1,226,684	−1,148,231	−1,167,377	−1,264,307	−1,477,094	−1,681,780	−1,861,380
683,965	771,994	718,712	682,422	713,415	807,516	894,631	1,023,109
−347,819	−454,690	−429,519	−484,955	−550,892	−669,578	−787,149	−838,271
−131,039	−146,711	−126,685	−121,617	−118,264	−130,094	−138,375	−148,559
56,073	63,473	55,879	49,670	50,252	52,288	53,265	57,593
−74,966	−83,238	−70,806	−71,947	−68,012	−77,806	−85,110	−90,966
21.55%	18.31%	16.48%	14.84%	12.35%	11.62%	10.81%	10.85%

現実にはアメリカはこの義務を完全に放棄している点が真の危機といわねばならない。

ところで，アメリカの全貿易収支赤字のうち対日貿易収支赤字はかつて1991年6割近くを占めていた（表3-5）。そこで日米間について述べれば，アメリカは対日収支赤字を非居住者（日本企業）名義のドル預金を増加して支払うが，この日本企業名義のドル預金は日本の対米債権であるから，アメリカは対日収支赤字部分を日本の対米債権（アメリカからいえば対日債務）を増やして支払うことになる。端的にいえば，アメリカは対日収支赤字に相当する額を日本からの債務で支払い，しかもこの債務を返済しないままなのである。国際通貨国特権の内実がこれである。すでにジャック・リュエフは1971年の著書で，アメリカは「カネを支払わなくても物を手にいれることができるという制度ができあがった」と指摘している[3]。この意味で，アメリカの国際通貨国特権とは，アメリカが黒字国に対して国家間の明瞭なかたちでは目に見えにくい収奪をおこなうことにほかならない。

かつて，1971年金ドル交換停止以降の不換の国際通貨ドルの流通根拠に関して論争がおこなわれたが，この問題について以上の考察に立脚して簡単に検討しておこう。国際通貨ドルの流通は金ドル交換という金債務性にもとづくとの前提に立って，金債務性を失ったドルがなぜ流通するのかが論争点であった。しかし，金債務性は国際通貨ドルの価値の対外的安定性を保証する条件ではあるが，国際通貨ドル流通の前提条件ではない。すでに述べたよう

に国際通貨ドルの流通は債権債務の相殺の論理——換言すれば再生産の円滑な進行，資本の還流への信頼——にもとづいている[4]。非国際通貨国では，対外債務が対外債権で決済されるので流通根拠問題は存在しない。問題は対外債務が対外債権で決済されない国際通貨国アメリカの慢性的な経常収支赤字部分である。この赤字部分については前述のように黒字国によって対米信用供与がおこなわれ，ドルの流通は黒字国からの信用供与，具体的には黒字国によるドル（対外債権）保有に支えられているといえよう。そもそも，国際通貨国アメリカの経常収支が均衡ないし黒字であれば，流通根拠問題なるものは存在しないのである。

3　ドル残高の累積——準備・介入通貨ドル

　ドルが国際通貨であるかぎり，非国際通貨国はドルを対外支払いのための準備通貨として公的に保有せざるをえない。またドルが準備通貨であれば，為替相場の維持のためドルは介入通貨の機能を演ずる。まずこの介入の意義について考察しよう。

（1）為替相場への介入

　日米間の例でまず固定相場制の場合について検討する。日本の対米収支赤字が継続する場合は円安ドル高傾向となるので，非国際通貨国日本は為替平衡操作によって固定レート維持を義務づけられているため，通貨当局は為替市場で円買いドル売り介入をおこなう。日本の輸入業者は為替市場で円売りドル買いをおこないドルで対外支払いするため，この通貨当局によるドル売り介入によって介入通貨ドルは結局赤字の支払いに充てられる。ドル売り介入は対外収支赤字の決済を意味し，日本は外貨ドル準備の減少をとおして赤字の決済をおこなったのである。一般的には，国際通貨国アメリカは赤字の一部を金ドル交換というかたちで金決済するのに対して，非国際通貨国は準備・介入通貨ドルで最終的決済をおこなう。したがって，非国際通貨国は準備通貨の減少をもたらす赤字を長期にわたって続けることは不可能である。

　逆に日本の黒字が継続する場合は円高ドル安傾向となり，円高は輸出に重点をおく日本としては回避すべきなので，日本の通貨当局は円売りドル買い

介入をおこなう。アメリカは対日債務をドルで支払い，日本の輸出業者は受け取ったドルを為替市場に出し，これを通貨当局が買いドルを為替市場から引き揚げる。ここで，輸出業者が受けるであろうドル安による為替リスクを国家が肩代わりする。結果として日本の外貨ドル準備が増大する。これは，アメリカにとっては相手国日本の介入によってよりいっそうのドル安が阻止されドル価値が維持されることを意味する。アメリカが対外収支の赤字を継続しても，相手の黒字国通貨当局がドル買い介入をおこなって準備通貨ドルを増大させてよりいっそうのドル安に歯止めをかけ，ドル相場を下支える。アメリカが最終的決済をまぬがれるばかりでなく，黒字国通貨当局のドル買い介入も，アメリカに経常収支節度を失わせる一要因である。

　さらに，一般に黒字国では，通貨当局の為替市場におけるドル買い介入と同時に自国通貨売りがおこなわれ，中央銀行口座において政府預金から市中銀行預金への振替が生じ，市中銀行における中央銀行預金が増加する。ここで，売りオペ等の操作（不胎化操作）による中央銀行預金の減少がなければ，市中銀行の信用創造拡大の可能性は高まる。要するにアメリカの経常収支赤字は，黒字国に自国通貨売り介入を押しつけて，黒字国の信用創造拡大の可能性を高める要因となるのである。

　以上，固定相場制の場合について述べたが，変動相場制の場合も介入に関して基本的関係は上記の固定相場制の場合と同様であって，ただ固定レートの維持が義務づけられていないだけである。為替相場への介入は義務的ではなく裁量的におこなわれる。変動相場制において為替相場の乱高下は不可避であるが，通貨当局はこの為替相場の過度の変動を放置できない。非国際通貨国は自国通貨高の場合は自国産業資本の輸出競争力の低下を阻止するため自国通貨売りドル買い介入せざるをえない。逆に自国通貨安の場合はインフレを予防するため自国通貨買いドル売り介入をおこなう。こうして，かつての完全自由変動相場制論者の主張は非現実的なのであって，変動相場制のもとでも通貨当局は裁量的に随時為替相場に介入し為替相場は現実には管理フロートとならざるをえない。

表 3-6 アメリカの総対外債務ポジション（Gross External Debt）の状況（2007年3月現在） （単位：100万ドル）

一般政府			
	短期		
		金融市場商品	277,792
		その他（未払い）	106
	長期		
		債権および財務省証券	2,003,611
		その他	19,466
通貨当局			
	短期	通貨および預金	363,000
銀行			
	短期		
		金融市場商品	89,330
		借入	509,285
		通貨および預金	1,251,222
		その他	5
	長期		
		債券および証券	233,670
		借入	31,158
		通貨および預金	104,388
その他の部門			
	短期		
		金融市場商品	292,301
		借入	2,125,444
		通貨および預金	114,117
		貿易信用	39,920
		その他	17,217
	長期		
		債券および証券	3,455,443
		借入	79,630
		貿易信用	1,345
直接投資：企業間債務			
	子会社に対する債務		263,784
	直接投資家に対する債務		515,061
総対外債務			11,787,295

出所：U.S. External Debt（Treasury International Capital System），米国財務省ホームページ（http://www.treasury.gov/resource-center/data-chart-center/tic/Pages/debta307.aspx 2010年12月10日アクセス）。

（2）ドル残高の内容

アメリカの継続的な経常収支赤字にともなってアメリカに累積される対外債務残高はドル債権保有者別と形態別に示すと表3-6のような内容になる。このうちアメリカの財務省証券に投資された部分について考察する。この部分はアメリカの財政赤字をまかなったことを意味するが，黒字国から見れば対米債権がドル預金のかたちからアメリカ財務省証券のかたちに転化したことを意味する。他方，アメリカでは，民間の対外債務超過額の一部を公的債務（国家の対外債務）に肩代わりしたことを意味する。また，アメリカの銀行システムにおいては，非居住者ドル預金がアメリカ政府名義のドル預金（居住者預金）に振り替えられる。しかし，ここでは，たんにアメリカの私的な対外債務が公的な対外債務に転化しただけであって，対外債務総額は不変であることはいうまでもない。

さらに，アメリカ財務省証券購入の主体は外国通貨当局と民間機関投資家とであるが，通貨当局の場合について考察する。たとえば，

日本の通貨当局はアメリカ財務省証券購入の資金を外国為替資金特別会計で政府短期証券である外国為替資金証券を発行して調達する。つまり，公信用で調達した円資金でドルを買い，このドルで財務省証券（アメリカの公信用）を購入する。したがって，アメリカの公信用と日本の公信用によって，いわば両国にまたがる二重の公信用の動員によってドル預金が非居住者から居住者へ振り替えられ，ドル体制の維持がはかられているといえよう。この点に黒字国通貨当局のアメリカ財務省証券購入の意義がある。なお，黒字国通貨当局は，長期的ドル安傾向によって発生する保有ドルの減価の損失を避けるためにも，ドル残高を利子率の相対的に高いアメリカ財務省証券に投資して運用せざるをえないのである。

　ドル残高に関しては過剰ドルとはなにかという問題がある。もちろん，国際通貨としてのドルの過剰である。国際通貨ドルはアメリカの民間銀行の信用創造によって供給されるドル預金にほかならないから，過剰ドルの出発点はアメリカにおける過剰な信用創造にある。ところで，ドル預金は信用貨幣であるから元来過剰ということはありえない。とすると，過剰ドルはいかなる意味で過剰なのか。通常の意味でのつまり国民経済における過剰な信用創造とは，結果として過剰生産を引き起こし還流することのない貸付，したがって不良債権を累積するだけの貸付である。この過剰な信用は恐慌や不況をとおして歯止めがかけられ収縮する。これに対して，国際通貨ドルの過剰をもたらすような国際取引あるいは世界市場における過剰な信用創造とは，結果として対外受取りを恒常的に上回る対外支払いを，したがって恒常的な経常収支赤字をもたらすような信用創造といえよう。非国際通貨国では経常収支の赤字ひいては準備通貨ドルの減少枯渇をとおして結局のところ過剰な信用創造に歯止めがかかる。しかしながら，国際通貨国アメリカの場合には，上述してきたように経常収支赤字の制約が存在しないので過剰な信用創造には歯止めがかからない。要するに債務決済可能という国際通貨国特権のゆえに，アメリカは対外収支の節度を失い，とくに金ドル交換停止以後の最終的決済の繰り延べ可能という国際通貨国特権の力に支えられて過剰な信用創造＝過剰ドルを生み出していくのである。この過剰ドルはドル残高として

表3-6に示したように多様な形態をとる。

しかも，過剰な信用創造によって供給された過剰ドルは黒字国のドル残高として累積され，前述のようにこれが自国通貨売りドル買い介入をとおして黒字国の中央銀行預金の増加をもたらし，さらには黒字国の民間銀行の信用創造拡大の可能性を高めていく。このように，アメリカの過剰な信用創造が過剰ドルを介して国際的に影響を及ぼしていくのである。

なお，この点にかかわって，アメリカの国際収支が赤字でなければ国際流動性が供給されないという前提に立脚するいわゆる流動性ジレンマ論があるが，この通説化した議論の前提は誤りである[5]。すでに明らかにしたように，アメリカの銀行はその信用創造によって国際通貨ドルを創出するのであって，赤字の場合にのみ創出するわけではない。

第2節　アメリカの資本取引における国際通貨国特権

アメリカの資本取引の特質について国際通貨国特権とのかかわりにおいて，いいかえればアメリカの銀行の信用創造とのかかわりにおいて資本輸出と資本輸入に関して検討しよう。

まず資本輸出（対外投資）についてである。アメリカは巨額の経常収支赤字が継続し累積して世界最大の純債務国である一方で，対外資本輸出を増大させている。とくに1993年以降対外資本輸出は2000億ドルを超え，1999年には5000億ドルを超え，2006年には1兆ドルを超えている（図3-1）。この点に関して，アメリカでは，経常収支赤字を上回る外国資本が流入し，赤字を超える余剰分が対外投資に向けられると通常論じられる。しかしこの見解は妥当であろうか。

非国際通貨国であれば，経常収支赤字の累積は対外支払手段である国際通貨ドルの減少を招き対外資本輸出は困難になるであろう。しかしながら，自国通貨が国際通貨であるアメリカにはこのような対外的制約は存在しない。前述したように，アメリカの経常収支赤字は自国通貨ドルで債務決済可能であり，しかも国際通貨ドルはアメリカの銀行の信用創造によって新たに供給

図3-1 アメリカの資本輸出

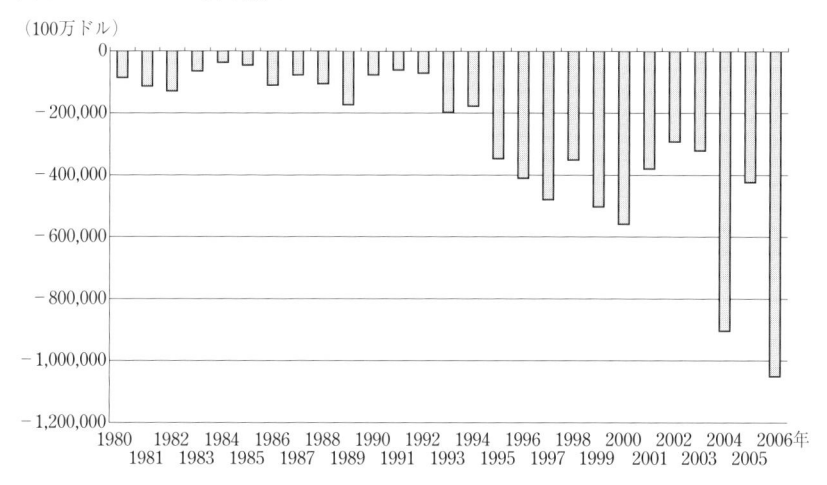

(100万ドル)

原資料：U.S.-owned assets abroad, excluding financial derivatives (increase/financial outflow (－))(U.S. International Transactions Accounts Data). 合衆国商務省ホームページ (http://www.bea.gov/international/xls/table1.xls)。

される。

ところで，対外資本輸出は直接投資，証券投資，銀行貸付に分類されるが，銀行とのかかわりにおいては基本的に二つの形態がある。

第1は，海外のドル資金需要に対して，アメリカの銀行が直接に対外的信用創造によって非居住者ドル預金を設定する形態である。アメリカの巨大銀行による開発途上国向けのシンジケートローンがこの一つの例である。銀行のバランスシートでは，資産（非居住者への貸付）と負債（非居住者への預金）の両建てで増加が生ずる。信用創造によって国際通貨ドルを創出するアメリカの銀行の視点では，対内貸付も対外貸付も相違はない。

第2は，アメリカの銀行の信用創造によってまず居住者ドル預金（アメリカの機関投資家等）が設定され，さらにこの預金が非居住者ドル預金に振り替えられるという形態である。銀行以外の機関がおこなう直接投資や証券投資ではこの形態をとろう。ヘッジファンドが銀行から融資を受けて海外投資する場合が一つの例である。表3-7は1998年9月に破綻したヘッジファンド

表 3-7 LTCM への緊急援助実施の金融機関リスト

金融機関名	援助額
バークレイズ	3億ドル
バンカーズ・トラスト	3億ドル
チェース・マンハッタン	3億ドル
クレディスイス・ファースト・ボストン	3億ドル
ドイツバンク	3億ドル
ゴールドマンサックス*	3億ドル
JPモルガン*	3億ドル
リーマン・ブラザース	1億ドル
メリルリンチ*	3億ドル
モルガン・スタンレー・ディーン・ヴィッター*	3億ドル
パリバ	1億ドル
ソロモン・スミス・バーニー	3億ドル
ソシエテ・ジェネラル	1億ドル
スイス・ユニオン・バンク*	3億ドル

注：＊印は経営管理に参加。
出所：今宮謙二『投機マネー』（新日本出版社，2000年）91頁。
原資料：*New York Times*, 1998.9.26.

であるロングタームキャピタルマネージメント（LTCM）への緊急援助実施の金融機関のリストである。アメリカ以外の金融機関も含まれているが，この表はアメリカの巨大銀行がヘッジファンドに融資していたことを物語るものである[6]。こうして，信用創造によって国際通貨ドルを供与するアメリカの銀行をバックに，アメリカの投機集団が国際金融の世界を翻弄している。この形態では，アメリカの銀行システム内部においてドル預金が居住者から非居住者へ移動するだけである。なお，1997年以降の通貨危機を契機に国際的投機的資本移動に対する規制が主張されているが，これはいわば結果だけを規制するようなもので限界がある。国際的投機的資本移動の原因は，投機集団の背後にあるアメリカの民間銀行の信用創造それ自体にあることを見逃すべきではない。

上記の資本輸出の二つの形態のいずれであれ，アメリカは資本輸出の原資を自国銀行の信用創造によって設定したドル預金債務に求めることができるという国際通貨国特権を持つのである。二つの形態の相違は，アメリカの銀行の信用創造が一方は直接非居住者へ，他方は居住者へおこなわれることだけである。固定相場制の場合はアメリカには金ドル交換という制約があったが，変動相場制下では経常収支赤字がいかに巨額であろうと，アメリカは巨額の資本輸出が可能である。アメリカの資本輸出は非国際通貨国のように経常収支黒字額の範囲あるいは既存の外貨残高に制約されるというようなことはない。また，経常収支赤字のアメリカが資本輸出をおこなうためには，経

図 3-2 アメリカの資本収支

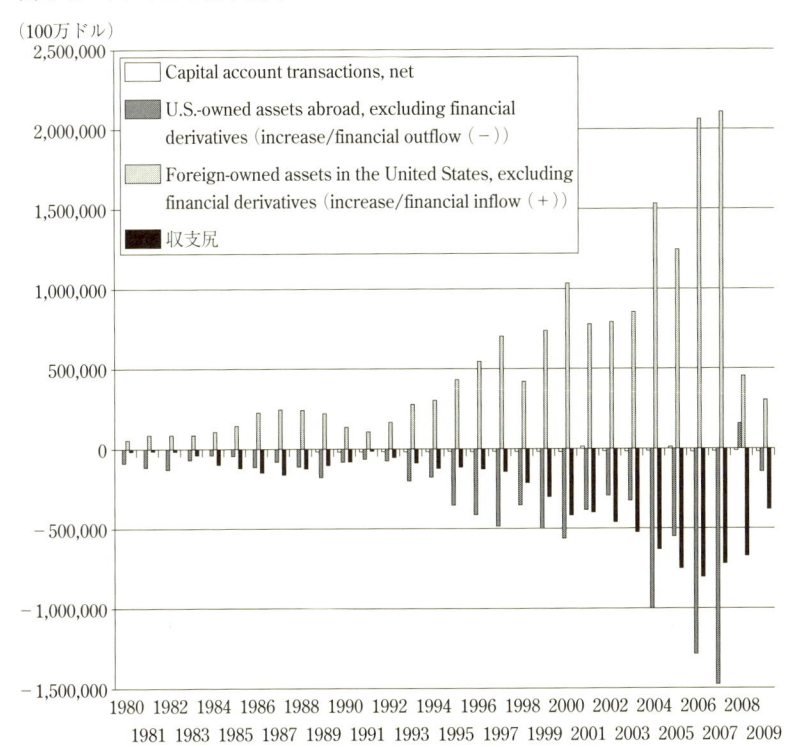

(100万ドル)

凡例:
- Capital account transactions, net
- U.S.-owned assets abroad, excluding financial derivatives (increase/financial outflow (−))
- Foreign-owned assets in the United States, excluding financial derivatives (increase/financial inflow (+))
- 収支尻

原資料：Bureau of Economic Analysis, International Economic Accounts, U.S. International Transactions Accounts Data. 合衆国商務省ホームページ（http://www.bea.gov/international/bp_web/simple.cfm?anon=71&table_id=1&area_id=3）より作成。

常収支赤字を上回る額以上の資本輸入がなければならないということもないのである。すなわち，前述のように経常収支赤字は債務決済されて自動的に黒字国から信用供与されるのであって，経常収支赤字をまかなうため新たに資金を借り入れる必要はないのである。いわんや資本輸出のため対外借金を必要とはしない。再びジャック・リュエフの言葉を借りれば，「借り入れなくても貸し出すことができる」[7)]のが国際通貨国アメリカである。ただし，資本輸出それ自体はドル安要因であって，資本輸出には為替相場面からの制約は避けられない。

では，アメリカの資本輸入はどうか。1990年後半以降，資本輸入は資本輸出を大きく上回っており資本収支は大幅な黒字である（図3-2）。ここでもドルは国際通貨であるから対外借入はドルであり返済もドルで可能で，アメリカは資本輸入による対外債務を自国通貨で返済可能である。つまり自国の銀行の信用創造の増加によって対外元利支払いが可能なのであり，返済能力にもちろん不安はない。非国際通貨国は借入債務を返済するためには輸出によって外貨ドルを入手するかドルを借り入れなければならない点でアメリカとは決定的に異なる。非国際通貨国とくに後進債務国（ラテンアメリカ諸国）の債務累積問題の要点はここにあった。国際通貨国アメリカにはその特権のゆえにこのような対外的制約も存在しないので，アメリカは他の先進国や新興国にとっての巨大な商品輸出市場であるばかりでなく資本輸出市場ともなっている。資本輸入の巨額化は外国からは対米投資の巨額化である。これはアメリカが投資市場として巨大であるためだが，前述のように経常収支赤字を顧慮する必要のないアメリカは景気にブレーキをかけない過剰消費社会であり，投資機会に富んでいる。このような意味でも国際通貨国特権は資本輸入の増大をもたらしているのである。

　資本輸入の増大は対外債務の増大を必然化して，アメリカは1990年以降対外債務が対外資産を上回り純債務国に転落した。アメリカは経常収支だけではなく資本収支においても対外債務を累積しているのである。ただし，フローで見ると，資本輸出も巨額であるため利子配当の受け払いを示す所得収支は近年黒字を続けている。

　前節で対米黒字国に累積したドル残高の一部は高金利のゆえにアメリカの国債や証券に投資されると述べた。アメリカの国債や株式の価格維持ないし価格上昇に海外からの資本が大きく寄与してきた。この海外から流入した資本の一部はアメリカの経常収支赤字によって流出したドルにほかならないのである。アメリカの経常収支赤字が資本輸入の一部の源泉になっている。アメリカの過剰な信用創造を出発点とし経常収支赤字を介して生じた過剰ドルが還流してアメリカの証券価格を維持さらには高騰をもたらしたといえよう。ここで生じたことは，アメリカの銀行システム内部で非居住者ドル預金（黒

表 3-8　各国の対外資産負債残高の状況（2003年末）　　（単位：100万ドル）

	資産	負債	純資産（＋）／純債務（－）
Canada	703,314	871,972	－168,658
China, P. R. : Hong Kong	1,185,410	791,251	394,159
France	3,513,030	3,380,800	132,230
Germany	3,963,640	3,794,050	169,590
Italy	1,559,850	1,643,720	－83,870
Japan	3,599,800	1,986,180	1,613,620
Russia	315,130	323,247	－8,117
United Kingdom	6,390,930	6,434,160	－43,230
United States	7,863,970	10,515,000	－2,651,030
Euro Area	9,811,010	10,770,600	－959,590

原資料：International Financial Position, IMF, *International Financial Statistics CD-ROM 2005 March.*

字国のドル残高）が居住者ドル預金（アメリカの国債や証券の対外販売額）に移転しただけである。

　なお，国際収支表は複式簿記の原理によって記載されるため，貸方総額と借方総額とが一致し，事後的恒等関係として経常収支赤字（黒字）と資本収支黒字（赤字）とが等しくなる。この関係にもとづいて，経常収支赤字を資本収支黒字でファイナンスする，あるいは資本収支赤字を経常収支黒字でファイナンスすると通常いわれることがある。しかしながら，このようなファイナンス関係は非国際通貨国には妥当するが，国際通貨国アメリカには妥当しないことは上に述べたところから明らかであろう[8]。

　資本輸出においても資本輸入においても，アメリカには非国際通貨国に見られるような対外的制約は存在しないのであって，これがアメリカの資本取引における国際通貨国特権のあらわれである。表 3-8 で，アメリカはその対外資産も対外負債もともにその累計残高において他の先進資本主義国をはるかに上回っていることが読み取れよう。こうして，アメリカの銀行の信用創造を起点としてアメリカは資本輸出大国であると同時に資本輸入大国でもあり，国際的債権債務関係は膨大に膨れ上がり，いわゆる国際金融流通の肥大化現象が生じているのである[9]。この資本取引の膨張が為替相場に大きく作用し相場の乱高下を引き起こしているが，この相場の乱高下自体が投機の対

象となりさらにいっそう投機的資本取引を拡張していくメカニズムが定着している。こうして，実物経済を反映する経常取引の規模をはるかに上回る資本取引しかも短期の投機的資本取引が増大することになる。いいかえれば，実需を何十倍も上回る為替取引が生じ，為替取引を介して資本取引が世界市場を跳梁するのである。いいかえれば，資本収支が為替相場の変動により大きく影響することになる。

　ところで，前述のように国際通貨国特権によってアメリカは経常取引総額（輸出と輸入）も資本取引総額（資本輸出と資本輸入）も隔絶して巨額である。これはアメリカが世界の再生産や金融流通の中心地としての地位をますます高めていることを物語る。「はじめに」で述べたように，ドルが国際通貨となる前提条件の一つはアメリカが世界の再生産や金融の中心にあることであった。経常収支赤字の巨額化や債務国化は，非国際通貨国であればその国経済の衰退を物語るが，これに対して国際通貨国アメリカではその固有の特権のため危機とはならない。ここにドルの一筋縄ではいかない性格があるが，これはすべて国際通貨国特権のゆえである。

むすび

　IMF体制下においてドルが国際通貨であることによって，アメリカは経常取引において債務決済が可能である。固定レート制下では債務決済された一部が金ドル交換をとおして金決済された。しかるに，金ドル交換の停止された現代の変動相場制下ではこの金決済も失われ，アメリカは経常収支赤字の最終的決済をしないままで対外債務を増大させている。対米黒字国は対米債権を増加させてアメリカに一方的に信用を供与し，国際的な債権債務関係が膨張したままの状態が継続している。この状況のもとで国際通貨国アメリカは巨額の経常収支赤字を累積しドル残高を増やし続けている。

　他方，アメリカは資本取引においても，利子率や為替相場等の制約要因があるとはいえ，国際通貨国特権によって他の非国際通貨国とは異なりかなり無制約に振る舞うことができる。アメリカの対外投資も他国の対米投資もと

もに膨張し世界にドルが溢れ，多様な形態の金融資産が累積しているのである。

　また，アメリカの経常取引と資本取引との関係についていえば，経常収支赤字を上回る借金をしてこの余剰分を対外投資に充てていると説明されることが多いが，そのように見えるだけであって，事後的結果を示す統計数字にこのような関係を読み込むのは妥当でないのはこれまでの論述で明らかであろう。

　アメリカの民間銀行の信用創造によって国際通貨ドル預金が供給され，このためアメリカに国際通貨国特権が発生し，さらに金ドル交換停止を介して，ここに多くの問題が胚胎していることを考察した。要するに，経常取引であれ資本取引であれ国際通貨国では銀行が信用創造によって直接に（借入や輸出をとおしてではなく）国際通貨を供給可能な点が決定的である。今後，国際通貨国特権を排除した国際通貨供給メカニズムをどのように構築するかが問われているといえよう。

注
1) 横山昭雄『現代の金融構造』（日本経済新聞出版社，1977年）27-28頁。
2) ロバート・ガットマンは，特権的地位を占める国際通貨国は，「事実上，継続的な回転信用枠（a continuously revolving line of credit）を，対外準備としてその国際通貨を保有するすべての外国人から供与されているのと同然である。」と述べている。Robert Guttmann, *How Credit-money Shapes the Economy: The United States in a Global System*, New York: M. E. Sharpe, 1994, p. 365.
3) Jacques Rueff, *Le Péché Monétaire de l'Occident*, Paris: Editions Plon, 1977（長谷川・村瀬訳『ドル体制の崩壊』サイマル出版会，1973年，35頁）。なお，拙著『現代貨幣論』（青木書店，1999年）第6章「ドル体制とアメリカの国際通貨国特権」を参照。
4) 信用貨幣の流通および信用創造について詳しくは，前掲拙著，第1章「信用と信用貨幣」，第2章「信用創造と通貨構造」を参照。
5) 流動性ジレンマ論に対する批判としては，滝沢健三『国際金融 通説への批判』（東洋経済新報社，1984年）および同『国際通貨論入門』（有斐閣，1990年），松井均『銀行原理と国際金融——流動性ジレンマ論の問題点と基軸通貨本位制の運営可能性——』（日本図書刊行会，2000年）を参照。
6) ヘッジファンドとアメリカの巨大金融機関との関係について詳細は，高田太

久吉『金融グローバル化を読み解く〈10のポイント〉』(新日本出版社, 2000年) 103-108頁を参照。
7) Jacques Rueff, *op. cit.* (前掲訳書, 35頁).
8) 19世紀中葉の国際通貨国イギリスの資本輸出の分析において, 海保幸世氏は次のように述べている。「国際収支の恒等式は, 経常収支+長期資本収支+短期資本収支+金融勘定=0, として与えられるから, それより, 経常収支+金融勘定=－(長期資本収支+短期資本収支), という式が得られる。金・銀の地金・正貨が金融勘定とみなされうるから, その数値が経常収支に含まれているならば, 理論上, 経常収支の黒字が資本収支の赤字と等しくなる。つまり, 経常収支の黒字額が海外投資を行いうる額を表すことになる。ただし, これが妥当するのは中心国＝いわゆる『国際通貨』国を除く爾余の諸国(・植民地)である。」そして中心国＝いわゆる「国際通貨」国が除かれるのは, 「中心国の資本輸出がその資本市場で外国証券を中心国貨幣――居住者および非居住者保有の――で買うことによっても可能であり, 必ずしも経常収支の黒字による世界貨幣あるいは中心国金為替の取得に拘束されないからである。」(海保幸世『世界市場と国際収支』ミネルヴァ書房, 1993年, 258-259頁)。
9) アメリカを中心に国際マネーフローの肥大化を考察した論文として, 徳永潤二「アメリカン・マネーの理論的検討」(『海外事情』2000年1月)参照。

第II部

経済のサービス化・社会資本論

第4章　経済のサービス化とはなにか

はじめに

　現代資本主義のひとつの特質を表現する用語として経済のサービス化あるいはソフト化が使用されて久しい。そして，経済のサービス化，ソフト化は，先進国経済の脱工業化であるともいわれている。現代資本主義において工業化社会は終わり，脱工業化のポスト産業社会を迎えているという主張が流布されている。さらには，従来の経済学は近代の工業化社会を前提とした工業化社会の経済理論にすぎないのであって，いまや脱工業化社会に面して，経済学はパラダイムの大転換の時代を迎えたという主張も耳にする。

　しかしながら，肝心の経済のサービス化の内容は必ずしも明確ではないようである。本章では経済のサービス化とはなにか，経済のサービス化現象は何故生ずるのかについての解明を試みたい。ここで，経済のサービス化とは通常国民経済に占める第三次産業の比率が増大する現象を意味しており，第三次産業は，卸小売業，運輸・通信・公益業，金融・保険・不動産業，サービス業，公務の総称である。このうちサービス業以外の各業務の内容は比較的明瞭であるが，サービス業といわれるものは，雑多な業務を含み不明確な概念である。したがって，経済のサービス化の解明に先立って，まずサービス業の内容を吟味し分析することから始めたい。

第1節　「サービス」業とはなにか

　「サービス」業はいろいろに分類されている。たとえば，事業所統計解説編でおこなわれている特殊分類——文化的・公共的サービス，生活関連サービス，物財関連事業所サービス，余暇関連サービス，非物財関連事業所サービス——は，「サービス」業の機能や「サービス」業の提供先を分類基準と

表 4-1　サービス業の業種分類

産業中分類	産業小分類	産業中分類	産業小分類
72―物品賃貸業	721　各種物品賃貸業 722　産業用機械器具賃貸業 723　事務用機械器具賃貸業 724　自動車賃貸業 725　スポーツ・娯楽用品賃貸業 729　その他の物品賃貸業	79―放送業	791　公共放送業 792　民間放送業 793　有線放送業
		80―駐車場業	801　駐車場業
		81―自動車整備業	811　自動車整備業
73―旅館, その他の宿泊所	731　旅館 732　簡易宿所 733　下宿業 739　その他の宿泊所	82―その他の修理業	821　機械修理業 822　家具修理業 823　かじ業 824　表具業 829　他に分類されない修理業
74―家事サービス業	741　家事サービス業（住込みのもの） 742　家事サービス業（住込みでないもの）	83―協同組合（他に分類されないもの）	831　農林水産業等協同組合（他に分類されないもの） 832　事業協同組合（他に分類されないもの）
75―洗濯・理容・浴場業	751　洗濯業 752　洗張・染物業 753　理容業 754　美容業 755　公衆浴場業 756　特殊浴場業	84―情報サービス・調査・広告業	841　情報サービス業 842　ニュース供給業 843　興信所 844　広告業
76―その他の個人サービス業	761　写真業 762　衣服裁縫修理業 763　物品預り業 764　葬儀・火葬業 769　他に分類されない個人サービス	85―その他の事業サービス業	851　速記・筆耕・複写業 852　商品検査業 853　計量証明業 854　建物サービス業 855　民営職業紹介業 856　警備業 859　他に分類されない事業サービス業
77―映画業	771　映画制作・配給業 772　映画館	86―専門サービス業（他に分類されないもの）	861　法律事務所, 特許事務所 862　公証人役場, 司法書士事務所 863　公認会計士事務所, 税理士事務所 864　獣医業 865　土木建築サービス業 866　デザイン業 867　著述家・芸術家業 868　個人教授所 869　その他の専門サービス業
77―映画館	773　映画サービス業		
78―娯楽業（映画業を除く）	781　劇場, 興行場(別掲を除く) 782　興行団 783　競輪・競馬等の競走場 784　競輪・競馬等の競技団 785　運動競技場 786　公園, 遊園地 787　遊戯場 789　その他の娯楽業		

第4章　経済のサービス化とはなにか　91

産業中分類	産業小分類	産業中分類	産業小分類
87―医療業	871　病院 872　一般診療所 873　歯科診療所 874　助産所 875　療術業 876　看護業 877　歯科技工所 879　その他の医療関連サービス業		917　専修学校, 各種学校 918　社会教育 919　その他の教育施設
		92―社会保険, 社会福祉	921　社会保険事業団体 922　福祉事務所 923　児童福祉事業 924　老人福祉事業 925　精神薄弱・身体障害者福祉事業 926　更生保護事業 929　その他の社会保険, 社会福祉
88―保健衛生	881　保健所 882　健康相談施設 883　検疫所（動物検疫, 植物防疫を除く） 889　その他の保健衛生
		93―学術研究 機関	931　自然科学研究所 932　人文科学研究所
89―廃棄物処 理業	891　一般廃棄物処理業 892　産業廃棄物処理業 899　その他の廃棄物処理業	94―政治・経 済・分化 団体	941　経済団体 942　労働団体 943　学術・文化団体 944　政治団体 949　他に分類されない非営利的団体
90―宗教	901　神道系宗教 902　仏教系宗教 903　キリスト教系宗教 909　その他の宗教
91―教育	911　小学校 912　中学校 913　高等学校 914　高等教育機関 915　特殊教育諸学校 916　幼稚園	95―その他の サービス 業	951　集会場 952　と畜場 959　他に分類されないサービス業
		96―外国公務	961　外国公館 969　その他の外国公務

注：日本標準産業分類（1984年1月改訂）における14の産業大分類の一つであるサービス業は, きわめて他種多様な業種によって構成されており, 中分類で25, 小分類で113業種に分けられる。

しており, このような分類はこれとして目的によっては有効である。しかし本節では,「サービス」業の分類を試みるというよりは,「サービス」業の本質を解明するために, 複合的な性格をもつ「サービス」業からいくつかの側面を抽出することを試みる。

「サービス」業の範囲は必ずしも一定しているわけではないが, 本節では, 日本標準産業分類のLの項目であるサービス業を対象として（表4-1参照),

これに含まれている種々雑多な業種について考察する。

「サービス」業は，形態規定の面から，さしあたり，資本に包摂されない個人的自営業的「サービス」業（たとえば開業医），資本制的「サービス」業（私立病院），非営利的「サービス」業（公立病院）に三大別できる。

ここではまず資本制的「サービス」業について検討することから始めよう。

資本制的「サービス」業については次の五つの型が抽出できる。これは現実の資本制的「サービス」業から本質的側面を五つ抽出したもので，したがって，現実の資本制的「サービス」業にはこの五つの型のうちいくつかにまたがる複合的なものもあり，また二つの型の中間形態のものもあることをあらかじめ指摘しておく。

1 現物貸付資本

リース，レンタルと呼ばれる生産手段や耐久消費財の賃貸が「サービス」業の一部をなしている。この現物貸付資本は利子生み資本の一形態で，商品形態での価値の一時譲渡および一定期間後の還流という運動形式をとる。これは資本としての商品の期限付き譲渡であって，商品そのものが商品としてではなく資本として貸し付けられる場合である[1]。現物貸付は消費財の現物貸付（自動車等）と固定資本（産業用機械，事務用機械等）の現物貸付とに分けられる。ここでの固定資本は土地に固着していない固定資本であって，いわゆる動産機器である。これらは通常リースと呼ばれているものであり，リース料には一般的に次の要素が含まれている[2]。

$$リース料 = \frac{物件代金 - 見積残価 + 金利 + 諸掛費用 + 手数料}{期間}$$

この賃貸価格は基本的には減価償却費プラス利子である。

この現物貸付資本の規定を主要側面としてもつ「サービス」業としては，72—物品賃貸業，763—物品預り業があげられる。

2　土地資本

　土地資本とは土地と土地に固定した設備（固定資本）との統一であり，内容的には土地の貸付と固定資本の貸付とからなる[3]。なお，ここでの固定資本は土地に固着した固定資本に限られる。土地資本では，この賃貸価格は基本的には減価償却費プラス利子プラス建築地地代である。土地資本の場合，通常土地および固定資本を維持管理する追加的労働（たとえば遊園地の従業員は土地と施設を管理し，ホテルの従業員は建物や部屋の管理をする）を必要とし，この労働は資本に包摂され，賃労働の形態規定を受け取る。

　土地資本の規定を主要側面としてもつ「サービス」業としては，73―旅館，その他の宿泊所，755―公衆浴場業，764―葬儀・火葬業，772―映画館，781―劇場・興行場，80―駐車場業，783―競輪・競場等の競争場，785―運動競技場，786―公園・遊園地，89―廃棄物処理業，951―集会場があげられる。典型的なものとしてたとえばボーリング場やディズニーランド等の企業があげられる。

　通常，対消費者サービス業と呼ばれるものの一部は，この土地資本の規定をもつものである。

3　サービス資本

　収入と交換される活動状態での具体的労働の有用性をサービスと規定し，この有用性を提供する労働をサービス労働と規定すると[4]，サービス資本は労働そのものの有用性（サービス）を提供する資本で，サービス労働を賃労働とする資本である。サービス資本はサービス労働者の労働力を購入し，活動状態にあるその労働の有用性を販売する。サービスを提供するために固定資本（たとえば医療における建物，放射線施設，検査施設等）と土地とさらにこのサービス提供に必要な固定資本や土地をたんに維持管理するためのみの追加的労働を必要とする。したがって，サービスの提供プラス固定資本の現物貸付プラス土地貸付がサービス資本の内容である。ただし，サービス資本では，労働そのものの有用性（サービス）の提供に重点があり，この点で1や2と異なる。2での追加的労働は固定資本や土地を維持管理するための

労働であるのに対して，3の労働では労働そのものの客にとっての有用性が目的である。

ただし，2と3の中間形態もある。たとえばスポーツクラブの場合，スポーツ用具や施設の賃貸のみの場合は土地資本と規定できるが，専属のインストラクターが顧客に対して種々指導する場合はサービス資本の側面が強まるであろう。

サービス資本の規定を主要側面としてもつ「サービス」業としては，まず，家庭内での消費労働[5]の社会的分業による自立化と規定できる業務あるいは消費費用の資本化と規定できる業務である。たとえば，74—家事サービス業，751—洗濯業，753—理容業，754—美容業，762—衣服裁縫修理業，さらに，87—医療業，91—教育（これら医療，教育等の労働は概して資本の運動に包摂されるのが困難であり資本になじまない），79—放送業等があげられる。

なお，旅館ホテル業は2の土地資本としての側面が基本的であるが，宴会等を催す部門は3のサービス資本であり，調理部門は食品生産という生産資本そのものであり，土産物の販売部門は商業資本そのものである。このように，旅館ホテル業は複合的性格をもっている。また，781—劇場，興行場は前述のように土地資本と規定したが，劇場，興行場が専属の俳優や歌手を雇用している場合にはサービス資本の規定をうける。

対消費者サービスと呼ばれるものの一部は，このサービス資本の規定をもつものである。

4 生産資本の分化形態

これは直接的生産過程の前あるいは後へ延長された業務，さらに，生産過程の各段階での業務（たとえば，設計，コンピューターのソフト作成，管理業務等）が社会的分業によって自立化したものを含む。

R. A.ウォーカーは，デザイン，開発，試験は，生産物の規則的な生産が開始できる前に必要な段階であると指摘し，これらを生産に先行する労働（pre-production labor）と呼んでいる。また，包装や修理を生産後の労働（post-production labor）と呼んでいる[6]。

社会的分業の進展により直接的生産過程から時間的にも空間的にも離れたところでの業務であるが，究極的には生産に寄与する業務を生産資本の分化形態と規定する。この規定を主要側面とする「サービス」業は，841—情報サービス業，866—デザイン業，865—土木建築サービス業（建物設計製図業，建設コンサルタント等），852—商品検査業，853—計量証明業，854—建物サービス業，81—自動車整備業，82—その他の修理業等である。

通常対事業所サービスといわれているものの一部は，この生産資本の分化形態である。

5　流通資本あるいは商業資本の分化形態

これは価値の形態転化（W—G）に必要な流通費の資本化と規定できる業務で，流通過程に直接間接関連する労働が社会的分業により自立化したもの。

流通費の一部である販売費用の資本化と規定できるもので，771—映画配給業，844—広告業。それから，流通費の一部である簿記費用の資本化と規定できるもの，841—情報サービス業，863—公認会計士事務所，税理士事務所。その他，854—建物サービス業（ビルメンテナンス，ビル清掃業），856—警備業も流通にかかわる建物の維持管理に必要な労働である。

対事業所サービスと呼ばれるものの一部は，この流通資本の分化形態である。

以上明らかにしたように，資本制「サービス」業のうち1，2，3は現物貸付と関連しており，「サービス」業のうちかなりの部分が現物貸付資本という利子生み資本の一形態をとっているのである。貸付は，価値（現物貸付の場合は商品のかたちをとった価値）の一時譲渡および利子をともなっての還流という運動形式をとる。この貸付が通俗的に「サービス」の販売とみなされているわけである。しかし，貸付と販売とはまったく異なる範疇であって，貸付は価値の一時譲渡であるのに対して，販売はたんに価値の形態転化（商品から貨幣への）である。要するに貸付概念と販売概念との混同が，現行「サービス」概念の基礎に横たわっているといえよう。また，「サービス」価

値生産説論者は「サービス」の一部である物品賃貸業が価値を生産するという所説になる。しかし，物品賃貸業は価値を一時譲渡するのであって，価値を生産するのではない。ここには，価値の一時譲渡と価値の生産との混同があるといわねばならない。

さて次に，非営利的「サービス」業すなわち非営利的で資本の運動に含まれない業務について考察しよう。第1に，社会資本（インフラストラクチャー）範疇として把握できるものがある。社会資本とは生産および生活（消費）の共同的一般的条件であり，なんらかのかたちで国家（公的機関）によって，建設，管理運営されているものである。つまり，直接的生産過程や個人的消費過程の外部に横たわる生産および生活のための共同的一般的な条件である[7]。これは通例公共サービスと呼ばれている。社会資本はいわゆる産業基盤と生活基盤とに分けられる。産業基盤（生産の共同的一般的条件）として，892―産業廃棄物処理業がある。生活基盤（生活の共同的一般的条件）として，87―医療業，88―保健衛生，91―教育，786―公園，92―社会保険，社会福祉，891――一般廃棄物処理業があげられよう。より具体的には公共的な学校，病院，保健所，図書館等。さらに，産業基盤と生活基盤との両方として，791―公共放送業がある。

非営利的「サービス」業では，第2に，その他として，83―協同組合，90―宗教，94―政治・経済・文化団体，93―学術研究機関等があげられる。

さいごに，個人的「サービス」業は，上記の資本制的「サービス」業であげられた諸業務のうち資本の形態をとらないものであると消極的に規定しておく[8]。

以上述べたように，「サービス」業にはまったく異質な業務が混在しており，本質的に異なる現象が「サービス」という単一の概念に押し込まれている。上記の諸業務を「サービス」業と一括し，産業を物財生産と「サービス」生産とのいずれかに二大別するのは，粗雑な分類法であるといわねばな

らないであろう。また,「サービス」業の中身を分析・分類しないで,一般に「サービス」は価値を生むか生まないかというかたちで問題を提出するのも生産的な議論とはいえない。

なお,対消費者サービスや対事業所サービスという区分は,たんに表象を述べたにとどまり,「サービス」業の本質を規定したことにはならないであろう。

第2節 経済の「サービス」化とはなにか,経済の「サービス」化現象は何故生ずるのか

経済の「サービス」化とは通常第三次産業の比重増加(第三次産業の就業者の比率の増大あるいは第三次産業の付加価値のGDPに対する比率の増大)を意味し,とくに近年,金融,保険業とサービス業の増加が著しい。図4-1, 4-2および表4-2[9]参照。1987年就業構造基本調査報告によると,有業者内訳は第一次産業501万人(有業者の8.3%),第二次産業2041万人(同33.7%),第三次産業3495万人(同57.8%)となっており,各部門別の構成比の推移は図4-3のとおりである。

経済の「サービス」化といわれる場合,企業内の「サービス」部門の比重の増加現象をも含められているようである(図4-4)。元来,前者が社会的分業の問題であるのに対して,後者は企業内分業の問題である。企業内分業の一環が自立化し社会的分業の一環となるというように両者は密接に関連しているので,以下両方含めて考察する。

1 財貨生産部門における労働生産性の上昇

これは経済の「サービス」化現象の前提条件となる要因である。第三次産業あるいは「サービス」業の大部分は不生産的部門であるが,財貨生産部門における労働生産性の上昇によってより少ない労働者でより多くの生産物が生産されるため,より多くの労働者が第三次産業に従事することが可能となる。経済の「サービス」化現象を引き起こす生産力的基盤がこの生産性の上

図 4-1　わが国の産業構造の変化

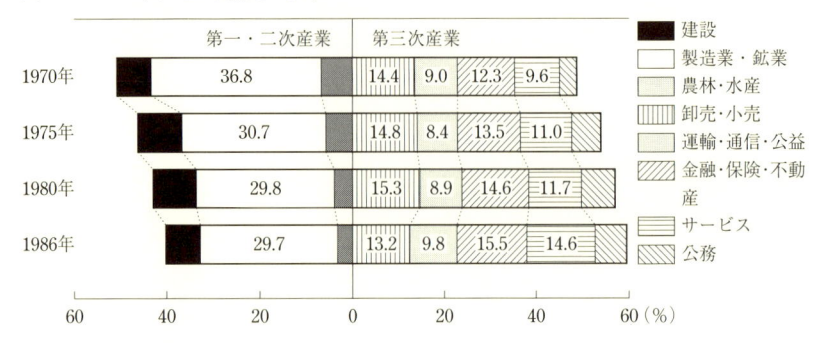

年	建設	製造業・鉱業	農林・水産	卸売・小売	運輸・通信・公益	金融・保険・不動産	サービス	公務
1970年		36.8		14.4	9.0	12.3	9.6
1975年		30.7		14.8	8.4	13.5	11.0
1980年		29.8		15.3	8.9	14.6	11.7
1986年		29.7		13.2	9.8	15.5	14.6

備考：各産業の付加価値の名目 GDP に対するシェア。
資料：「国民経済計算」。
出所：『1988年版 通商白書』129頁。

図 4-2　日米のサービス業就業者数の動向（1986年）

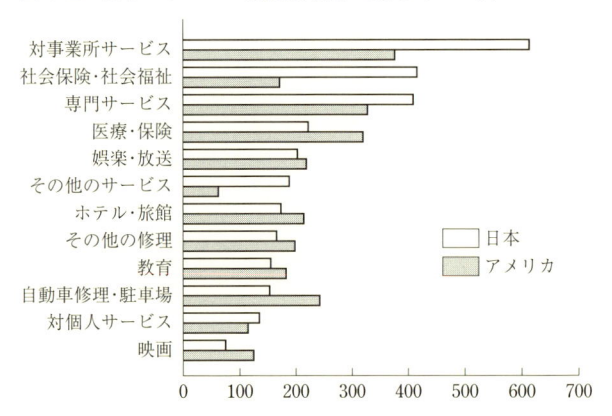

対事業所サービス
社会保険・社会福祉
専門サービス
医療・保険
娯楽・放送
その他のサービス
ホテル・旅館
その他の修理
教育
自動車修理・駐車場
対個人サービス
映画

□日本　アメリカ

注：1966年 = 100としたときの各業種の就業者数。
資料：総務庁「事業所統計」、「Survey of Current Business」。
出所：『1988年版 通商白書』130頁。

昇である[10]。労働生産性の上昇により物的生産部門においてはより少ない労働力ですみ、この部門から労働力の一部が解放される。資本はこの解放された労働力を第三次産業や「サービス」業に雇用して利潤を生み出す。ここでは、労働生産性の上昇を労働時間の短縮に結びつけない資本の論理が大前提

表 4-2 民間雇用者に占めるサービス業従事者の割合（1950～81年）　（単位：％）

	1950	1955	1966	1973	1979	1981
イタリア	—	30.0	37.9	42.5	47.4	49.1
日本	31.4	37.3	45.1	49.4	53.9	54.7
フィンランド	—	30.1[4]	37.2	47.2	53.8	54.1
オーストリア	29.0[1]	29.4[2]	38.5	43.2	50.6	51.7
アイスランド	30.2	37.9[3]	43.3	46.7	49.9	50.9
フランス	—	37.1	42.8	48.9	54.7	56.2
ノルウェー	40.6	42.8	49.6	54.7	61.3	61.7
デンマーク	—	43.3	48.6	56.7	60.3	63.3
カナダ	42.9	48.0	57.4	62.8	65.4	66.2
ルクセンブルグ	—	38.7[3]	41.6	47.8	55.3	56.3
西ドイツ	34.5	36.7	41.2	45.0	49.8	51.0
スウェーデン	41.2	41.8[3]	48.4	56.1	61.7	63.1
スイス	—	39.9[4]	42.8	48.1	53.2	53.6
ニュージーランド	—	49.7[4]	50.9	52.8	55.4	56.1
オランダ	44.5	45.9	50.9	56.7	62.2	64.8
オーストラリア	—	50.8[4]	54.1	57.1	62.2	62.8
ベルギー	42.2	43.5	49.3	54.7	61.3	63.6
アメリカ	51.2	52.7	58.1	62.6	65.2	66.4
イギリス	47.3	46.7	50.1	54.5	58.6	61.7

注：1) 1951年。
　　2) 1956年。
　　3) 1957年。
　　4) 1959年。
出所：Ron Martin & Bob Rowthorn eds., *The Geography of De-industrialisation*, Macmillan, 1986, p. 29.

図 4-3　産業（三部門）別構成の推移（1968～87年）

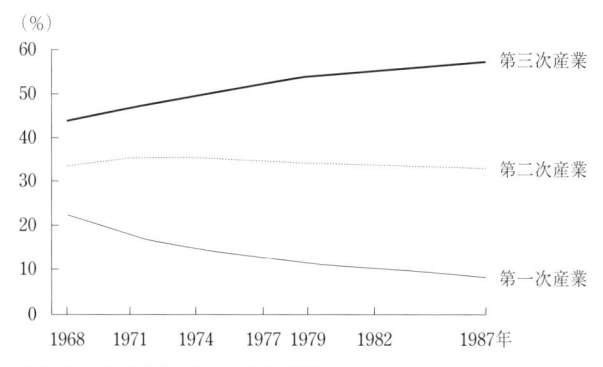

出所：『1987年 就業構造基本調査報告(速報)』22頁。

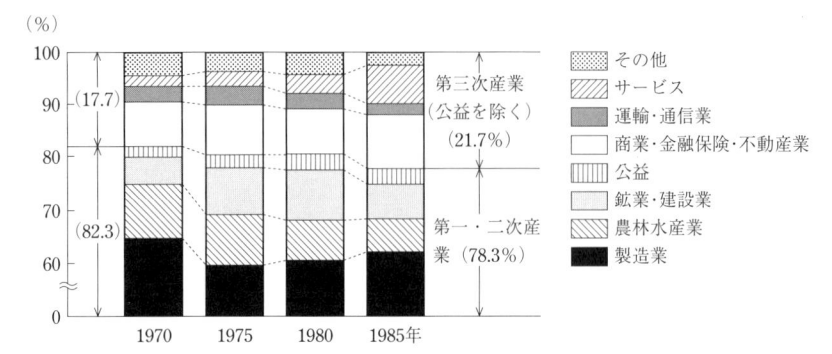

図 4-4 製造業の中間投入構造の推移

(%) 100(17.7) ... (21.7%) 第三次産業（公益を除く）
(82.3) ... (78.3%) 第一・二次産業

凡例：その他／サービス／運輸・通信業／商業・金融保険・不動産業／公益／鉱業・建設業／農林水産業／製造業

1970　1975　1980　1985年

資料：行政管理庁「1980年産業連関表」，通商産業省「1985年産業連関表（延長表）」。
出所：『1988年版 通商白書』131頁。

になっている。

2　生産過程における社会的分業の進展

　生産過程における社会的分業の展開にともなって，直接的生産過程から空間的にも時間的にも離れている間接的労働の比重が増大し，とくに直接的生産過程の前段階における業務が拡大する。研究開発，設計，試験，デザイン等がそうである。ウォーカーは労働生産性の上昇において力点は直接的労働から間接的労働へ移ったことを強調している[11]。相対的剰余価値の生産を追求する資本の運動がこの分業を進展させる起動因である。

　生産の複雑化とともにいっそう専門化された労働が必要となった結果，これらの労働は企業内分業の進展にともなって増大し，さらにそれぞれが自立化し社会的分業の一環となる。こうして，直接的生産過程から離れて直接モノにふれない直接にモノをつくりださない部門が通俗的には「サービス」とみなされるのである。生産過程における社会的分業の進展にともない，前節で述べた生産資本の分化形態に該当する「サービス」業が増大することとなる。

図4-5 製造業の業種別生産労働者の割合の推移

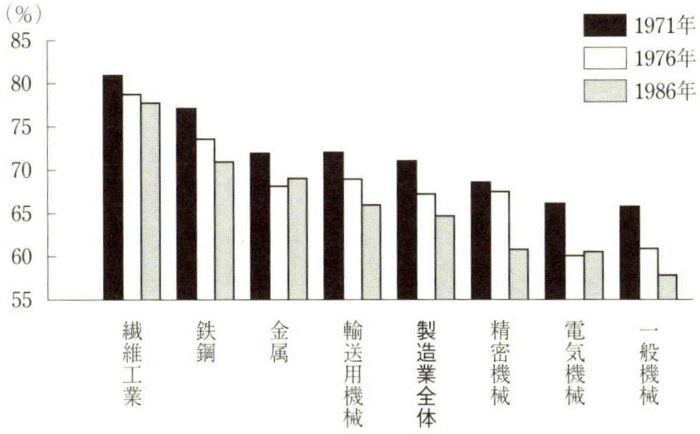

（グラフ：1971年、1976年、1986年の比較。業種は左から繊維工業、鉄鋼、金属、輸送用機械、製造業全体、精密機械、電気機械、一般機械）

資料：労働省「毎月勤労統計調査」。
出所：『1988年版 通商白書』130頁。

3 多国籍企業化の進展による直接的生産過程の海外への移転
——企業内国際分業の進展

現代資本主義のもとでは，資本は多様な要因——低賃銀，原料の低コストを求めて，あるいは保護貿易主義を回避するために，為替相場の変動による輸出の困難を避けるため等——によって，海外に生産拠点を移し多国籍企業化を推し進めている。1985年度の『年次世界経済報告』では，産業の空洞化は「製造業が競争力を失い，国内から重要産業が撤退して直接投資等を通じて国外に流出し，国内にはサービス産業のみが滞留し，成長力が弱化する状況」[12]と定義されているが，このような生産拠点の海外への移転による産業の空洞化の結果として，本国には管理，企画，研究開発部門等いわゆる本社機能のみが残る傾向になる。なお，多国籍企業化の原因は，より高い利潤率を求めての資本の運動であることはいうまでもない。海外への移転を示す指標としてたとえば企業の全雇用者（国内と海外）のうち海外での雇用者の比率は，松下電器産業47.5％，三洋電機59.1％という状況である（1986年）[13]。

4 生産過程における自動化（FA）の進展

直接的生産過程の労働者がロボットに置き換えられ，結果として監視，保

表 4-3　民間設備投資に占めるリース物件の比率

年　度	リース物件取得額 (億円) a	民間企業設備投資額 (名目，億円) b	a／b（％）
1978	7,818	293,354	2.67
1979	10,334	340,188	3.04
1980	11,550	385,460	3.00
1981	14,342	401,050	3.58
1982	18,872	408,303	4.62
1983	23,262	423,129	5.50
1984	28,843	470,968	6.12
1985	33,520	528,407	6.34
1986	37,636	537,642	7.00

資料：「国民経済計算」，(社)リース事業協会。
出所：『1988年版 通商白書』174頁。

守あるいは管理，研究，企画等間接的労働に従事する労働者の比重が増大する。直接的生産過程における労働者の比率の減少については図4-5参照。これは通常，製造業のサービス化と呼ばれている。

5　生産設備投資におけるリースの導入

技術革新の進展による設備の急激な陳腐化（固定資本の社会的摩損）への対応策として設備投資においてリースの利用度が高まっている（表4-3参照）。

6　流通過程における社会的分業の進展

流通費の節約のため，流通に関する業務が外注化され外部の専門業者に委任される。前節で述べた流通資本の分化形態に該当する「サービス」業，とくにコンピューター関連サービス，ビルメンテナンス等が増大する。

7　慢性的過剰生産傾向にもとづく商品価値実現の困難の増大

これに対処するため非価格競争や製品差別化政策が採用される結果，広告，パッケージ，デザインさらに企画，開発，販売部門の人員が増大する。そして，人間の生活にとって本質的意義をもたないような過剰な品質，過剰な包装をもった商品が氾濫することとなる。

表4-4 金融取引高・決済額の規模

年	株式売買代金 (兆円)	名目GDP比 (%)	公社債売買高 (兆円)	名目GDP比 (%)	手形交換・内為決済額 (兆円)	名目GDP比 (%)	外為出来高 (億ドル)	1950年対比
1945	12	0.2	8	0.1	349	4.8	—	—
1950	19	0.1	53	0.4	848	5.7	734	1.0
1955	42	0.2	281	1.2	1,743	7.3	5,792	7.9
1960	95	0.3	2,389	7.5	3,367	10.6	14,355	19.6
1961	193	0.6	4,723	14.3	3,682	11.1	25,567	34.8
1962	296	0.9	9,438	27.4	5,196	15.1	37,758	51.4

注：1）株式売買代金は，全国証券取引所の金額。
　　2）公社債売買高は，東京店頭市場売買高に全国証券取引所の出来高（先物を含む，往復）を加えた金額。
　　3）外為出来高は，円・ドルの直物および先物・スワップの合計。
資料：東京証券取引所「証券統計年報」，全国銀行協会連合会「金融」等。
出所：『日銀調査月報』1988年5月，50頁。

8　金融資産の肥大化

　実物資産（現実資本）にたいする金融資産（貨幣資本）の比率増大に表現されるカジノ資本主義化現象が進展し，過剰貨幣資本の運動領域としての金融市場が拡大し，マネーゲームの横行がみられる。とくに，国債の大量発行および変動相場制への移行を契機として金融業務が異常に膨張している[14]。
　(1) 財政赤字の拡大による国債の大量発行→国債流通市場の拡大→金融自由化→多様な金融商品の出現→金融業務の拡大
　(2) 変動相場制への移行→実需をはるかに上回る為替取引→為替操作，為替投機に従事する業務拡大
　上記の実需をはるかに上回る為替取引に関して次の事実を指摘しておく。1986年の調査によると，ロンドン，ニューヨーク，東京の三大外国為替市場の1日当たり取引高合計は1965億ドル，年間では約50兆ドルに達し，世界貿易額全体（約3兆ドル）の17倍弱となっている[15]。
　マグドフとスウィージーは，アメリカについて，財貨生産部門（農業，鉱業，建設業，製造業，運輸業，公益）の粗付加価値と金融部門（銀行，その他の金融機関，不動産，保険）の粗付加価値とを比較し，前者に対する後者の比率は1950年には21.0％であったが1985年には40.0％と倍増したと指摘し

表 4-5　職業別有業者数および構成比（1982年，1987年）　　　（単位：千人，％）

	1982年		1987年		1982～87年		
	有業者	構成比	有業者	構成比	増減数	増減率	構成比差
総数	57,888	100.0	60,502	100.0	2,614	4.5	—
専門的・技術的職業従事者	5,349	9.2	6,577	10.9	1,225	23.0	1.7
管理的職業従事者	2,489	4.3	2,247	3.7	-242	-9.7	-0.6
事務従事者	10,245	17.7	11,049	18.3	804	7.8	0.6
販売従事者	8,033	13.9	8,691	14.4	658	8.2	0.5
農林漁業作業者	5,656	9.8	4,970	8.2	-686	-12.1	-1.6
採掘作業者	70	0.1	52	0.1	-18	-25.7	0.0
運輸・通信従事者	2,416	4.2	2,369	3.9	-47	-1.9	-0.3
技能工・生産工程作業者	16,377	28.3	16,525	27.3	148	0.9	-1.0
労務作業者	2,266	3.9	2,702	4.5	436	19.2	0.6
保安職業従事者	691	1.2	730	1.2	45	6.5	0.0
サービス職業従事者	4,182	7.2	4,457	7.4	275	6.6	0.2
分類不能の職業	113	0.2	128	0.2	15	13.3	0.0

出所：『1987年 就業構造基本調査報告（速報）』24頁。

ている[16]。日本については，金融取引高・決済額の規模とそのGNPに対する比率を表4-4に示した。

9　技術革新の進展（FA, OA等）および資本の国際化・海外進出による業務の複雑化

業務の複雑化は，専門能力（専門的技術や語学力等）を有する労働力の必要性を増大せしめ，高学歴化（教育期間の延長）をもたらし，教育に関する業務を増大させる。なお，最近の1987年就業構造基本調査の資料によると，専門的・技術的職業従事者の増加率がもっとも高く，この専門的・技術的従事者の比率は有業者の1割を超えた（表4-5参照）。

10　消費の社会化──消費のために必要な労働の社会的分業による自立化

第1に，女性の社会進出（女性労働力の商品化）により家事労働が社会化する。炊事，育児，掃除，洗濯等の家事を代行する家事サービス業が急成長するが，これは，家事労働への資本の進出を意味し，資本は消費労働を賃労働化して価値増殖をおこなうのである。また，これに付随して，従来家庭内

で主婦によって手づくりされていた物が賃貸の対象となる。たとえば貸しおむつ業，化学ぞうきんのレンタル業等。

第2に，都市化により，家族や地域共同体が本来もっていた相互扶助機能が解体される。この結果，これらの機能が私的資本によって営まれ，個人サービス業やその他社会福祉，保育所，結婚紹介業，結婚式および葬式産業等が増大する。そして，共同体的なヒューマンな機能が，冷徹な商品・資本の論理に取り込まれるのである。

都市化はまた，社会資本（生活基盤）への需要を増大せしめる。かつては家族や地域共同体のなかでおこなわれていた機能が失われ，国家がこれを代行する。公共医療機関，保健衛生，公園，託児所，幼稚園，老人ホーム等がそうである。

なお，これらサービスに関してH.ブレイヴァマンは次のように述べている。「近代的な家事・サービス産業の進展は，一方で家事労働を軽減するとともに，同時に家庭生活の空しさを助長し，一方で個人関係のめんどうな負担を取り除くとともに，他方で愛情を奪い去り，一方でこみ入った社会生活をつくりだすとともに，他方でその社会生活から共同社会の最後の痕跡まで奪い去り，その代わりに金銭関係だけを残している」[17]。

11 耐久消費財の普及

家庭電化製品，オーディオ製品，とくに自動車の普及により自動車に関する物品賃貸業，消費者信用，修理業，駐車場業，自動車整備業等が増大している。

上記のうち，1, 2, 3, 4, 5は生産過程，6, 7, 8は流通過程，9, 10, 11は消費過程にそれぞれ直接間接に関連する要因である。消費過程に関する要因は，家計支出に占める「サービス」への支出の比率の増加に総括的に示される（図4-6参照）[18]。

また，3と8は比較的近年に生じた要因であるのに対して，これ以外の要因は資本主義的生産様式を貫く長期的傾向であろう。より多くの剰余価値の

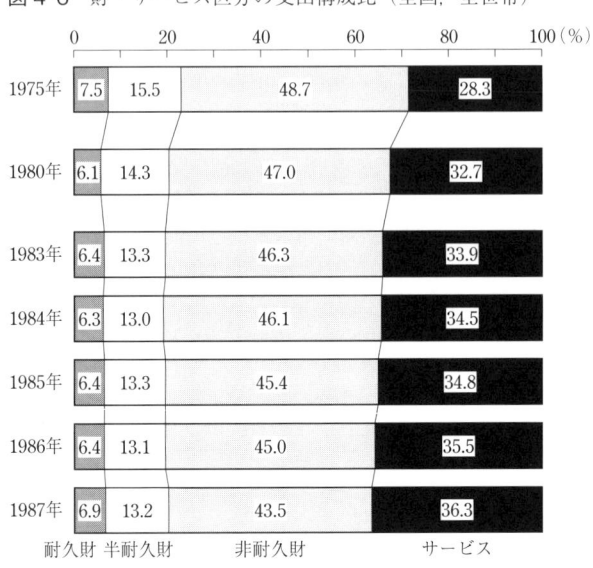

図 4-6 財・サービス区分の支出構成比（全国，全世帯）

年	耐久財	半耐久財	非耐久財	サービス
1975年	7.5	15.5	48.7	28.3
1980年	6.1	14.3	47.0	32.7
1983年	6.4	13.3	46.3	33.9
1984年	6.3	13.0	46.1	34.5
1985年	6.4	13.3	45.4	34.8
1986年	6.4	13.1	45.0	35.5
1987年	6.9	13.2	43.5	36.3

出所：『1987年 家計調査年報』20頁。

生産と実現，相対的剰余価値の生産，流通費の節約，固定資本の社会的摩損の回避等の資本の論理の追求の結果が，経済の「サービス」化現象としてあらわれるのである。したがって，経済の「サービス」化現象は，経済学のパラダイムの大転換を必要とするようなことではない。

経済の「サービス」化は，上記の多様な要因によって生じた複合的な現象であり，これらをすべて一括して「サービス」化と呼ぶことは，事態の本質をあいまいにするものである。すなわち，一方では，2, 4, 6, 9の要因のように分業の進展によって間接的に生産性を高め社会的生産力の発展に寄与する要因があり，他方では，3におけるような産業の空洞化（失業増大）要因，7におけるような無駄な浪費的要因，8におけるような寄生化・腐朽化要因もある。したがって，「サービス」化の内容を詳細に吟味する必要があるといわねばならない。

とくに，2, 6, 10に示されるように，生産，流通，消費の各局面における

資本制的分業の発展が経済の「サービス」化の起動因として重要である。3もまた分業の一種である企業内国際分業の進展にほかならない。したがって，経済の「サービス」化現象のうちのかなりの部分は，国内および国際面の各局面におけるよりいっそうの分業の進展の表現にほかならないのである[19]。
図4-2に明らかなように日本・アメリカともに対事業所サービス——ここでは，72—物品賃貸業，84—情報サービス・調査・広告業，85—その他の事業サービス業の三業種の総称である[20]——の増加率が最も高い。対事業所サービスのうち物品賃貸業を別にすると他はいずれも生産資本あるいは流通資本の分化形態であって，この対事業所サービスの急増は生産過程あるいは流通過程における社会的分業が広範にそして急速に進展したことを物語っている。

むすび

　以上，「サービス」業の内容および経済の「サービス」化の起動因について考察し，「サービス」業が雑多な業種の混合であること，「サービス」化の起動因もまた多様であることを明らかにし，「サービス」化現象の多くが資本主義的分業の全般的展開にもとづくものであることを明確にしてきた。
　残された重要な論点として「サービス」化が雇用，失業問題にどういう影響を及ぼすかという問題がある。「サービス」業における雇用創出が製造業における雇用喪失を補償するとしばしば主張される。また，「サービス」業では不安定就業者が多く，低賃銀労働者が多いともいわれる。あるいはまた，「サービス」業は知的な高級な労働の比重を高めると強調されている。こうした論議も，第三次産業や「サービス」業の内容についての的確な分析，分類に立脚してなさるべきであろう。また，近年重要性を増してきた「サービス」貿易の問題もあるが，これらは今後の課題である。

注
1) 現物貸付（現物信用）と利子生み資本については，拙著『現代貨幣論——信用創造・ドル体制・為替相場——』（青木書店，1999年）第1章を参照。

2）足立繁男『リース産業界』（教育社，1988年）38頁。リース料について詳細は，松田安正『リースの理論と実務』（商事法務研究会，1984年）30–39頁を参照。

3）土地資本（Erde-Kapital）については，K. Marx, *Das Kapital*, III, MEW, Bd. 25, S. 632–635（邦訳『資本論』第3巻第2分冊，大月書店，799–803頁）参照。なお，かつて筆者は社会資本の考察にあたって社会資本を土地資本の一形態と規定したが，本文で述べたように資本制「サービス」業についても土地資本範疇が妥当する業種がある。本書第5章参照。

4）サービスあるいはサービス労働の概念については，大吹勝男『流通費用とサービスの理論』（梓出版社，1985年）第7章を参照。

5）消費労働の概念については，渡辺雅男『サービス労働論——現代資本主義批判の一視角——』（三嶺書房，1985年）第7章4を参照。

6）R. A. Walker, "Is there a service economy?: the changing capitalist division of labor", *Science & Society*, Spring 1985, pp. 63–64. ウォーカーは開発について次のように述べている。「生産物や生産過程の開発は，かつては製造やマーケティングの仕事をする同一の人物によっておこなわれていた。生産物がいっそう複雑になるので，これらの仕事にはいっそう専門化された労働が必要であり，分業が進展する。しかしながら，すべての労働行為が完成物を生産するはずだという素朴な見解を抱いている場合にのみ，分業の拡張をサービス生産と混同しがちなのである。」(p. 63)

7）社会資本の規定については，本書第5章を参照。

8）「サービス」業の詳細な分類の試みとしては，松林良政「現代サービス業の分類試論」（国学院大学大学院『経済論集』第14号）を参照。

9）表4-2に関して，B. ローソンは1950年時点において農業就業者が有業人口の25％を超えている国とそれ以下の国とに二大別している。前者はイタリア，日本，フィンランド，オーストリア，アイスランド，フランス，ノルウェー，デンマークであり，後者はカナダ，ルクセンブルグ，ドイツ，スウェーデン，スイス，ニュージーランド，オランダ，オーストラリア，ベルギー，アメリカそしてイギリスである。彼は前者では農業人口の比率の減少とともに「サービス」就業者の比率の増加が生じ，後者では製造業人口の比率の減少とともに「サービス」就業者の比率が増大していると概括している。この点については，Bob Rowthorn, "De-industrialisation in Britain", Ron Martin & Bob Rowthorn eds., *The Geography of De-industrialisation*, London: Macmillan, 1986, pp. 8–15.

10）社会的生産力の発展をもっぱら経済の「サービス」化現象の要点であると強調する所説として，徳永二郎「経済のサービス化と富の生産」（九州大学『経済学研究』第53巻第1, 2号）。

11) R. A. Walker, *op. cit*., pp. 75–82.
12) 経済企画庁『年次世界経済報告 1985年』第2章第2節。http://wp.cao.go.jp/zenbun/sekai/wp-we85/wp-we85-00302.html#sb3.2.3（2010年9月16日アクセス）。
13) 藤田和夫「電機独占大企業の本格的多国籍化」（『経済』1988年11月号，新日本出版社）113頁。
14) この点，詳しくは久留間健ほか『現代経済と金融の空洞化』（有斐閣，1987年）を参照。
15) 宮崎義一『ドルと円』（岩波書店，1988年）158頁。
16) H. Magdoff & P. M. Sweezy, *Stagnation and the Financial Explosion*, New York: Monthly Review Press, 1987, pp. 21–23.
17) H. Braverman, *Labor and Monopoly Capital*, New York: Monthly Review Press, 1974, p. 282（富沢賢治訳『労働と独占資本』岩波書店，1978年，307頁）。
18) 家計調査年報による図4-6のサービスには次の家計調査の項目が含まれる。外食，家賃地代，家事サービス（家事使用人給料，清掃代，家具・家事用品修理代），被服関連サービス（仕立代，洗濯代，被服・履物修理代等），保健医療サービス（診療代，入院料等），交通（電車汽車賃，通学定期代，タクシー代，航空運賃等），自動車整備費，駐車場借料，郵便料，電話通信料，運送料，授業料，補習教育，宿泊料，パック旅行費，月謝類，受信料，入場・観覧・ゲーム代，理美容サービス，信仰費，冠婚葬祭費，損害保険料，寄付金，保育所費用が主なものである。『1987年 家計調査年報』付録8 収支項目分類表による。
19) R. A. ウォーカーは経済のサービス化現象を終始資本主義的分業の進展の視角から把握している（R. A. Walker, *op. cit*.）。この論文の紹介としては，姉歯曉「R. A. ウォーカーの『サービス経済論』批判について」（『国学院経済研究』第19輯）を参照。
20) 『通商白書 1988年版』293頁，付注17。

補記
● 最近の実態については，近昭夫「日本経済のサービス化とその実態」（近昭夫・藤江昌嗣編著『日本経済の分析と統計』北海道大学図書刊行会，2001年，第6章）を参照。

第5章　社会資本論

第1節　社会資本論の問題点——序にかえて

　今日，公共投資の問題や地域開発の問題を解明するにあたって，いわゆる「社会資本」概念は重要な意味をもっている。「社会資本」あるいは「社会的間接資本（social overhead capital）」は元来近代経済学での用語であって，ここで「資本」というのは，近代経済学における他の資本概念——たとえば資本形成——と同様に，たんに固定設備ということを意味しているにすぎない。近代経済学では，その理論範疇において素材的（質料的）規定と社会的歴史的形態規定との区分がまったく無視され，両者が同一視されている。近代経済学は，歴史的形態を超歴史的な自然形態と同一視するのであって，一般に，資本を生産手段と，賃労働を労働一般と，土地所有を土地そのものと同一視する。固定設備はある一定の歴史的社会的条件のもとにおいてのみ資本（自己増殖して利潤を生みだす価値）として機能するのであるが，近代経済学では，固定設備そのものを資本と呼んでいる。したがって，「社会資本」という場合の「資本」は前述のようにたんなる固定設備のことであって，けっしてひとつの生産関係としての資本の意味ではないことに留意すべきである。このように，「社会資本」なる概念はもともとかなりあいまいな概念であるし，近代経済学の内部においても「社会資本」の定義はまちまちであり，かならずしも統一されてはいない[1]。

　マルクス経済学の側では，この元来近代経済学の用語である「社会資本」という概念を批判的に検討し，「社会資本」なる概念が反映している表象をどのように位置づけ規定するかをめぐって，多くの議論がおこなわれてきた。1961〜62年の宮本憲一氏[2]，1963年の池上惇氏の論文[3]を先駆的業績として現在にいたるまで論争が続けられてきた[4]。筆者も1963年に公表した論文で「社会資本」概念の検討を試みた[5]。本章は，従来の論争の成果に学び，筆

者のかつての論点の不十分な箇所を補い，かつ積極的に論理展開を試みようとするものである。

　従来の論争の欠陥として三点あげることができよう。第1に，「社会資本」そのものの管理運営と「社会資本」の利用とが必ずしも明確に区別して論じられていないことである。第2に，「社会資本」において重要な位置を占める運輸交通手段が，資本制生産の流通費用，流通空費をなすことが十分把握されていないこと。第3に，「社会資本」の利用（使用）とは経済学的にいかなることなのか十分規定されていないこと。そしてこのことにかかわって，「社会資本」を利子生み資本の一形態としての現物貸付資本との関連において把握すること，および土地所有の側面つまり地代論的な考察が不十分であることがあげられる。本章は従来の「社会資本」論の諸欠陥を克服するひとつの試みである。

　「社会資本」範疇を明確に把握するためには，他の諸範疇の場合と同様に，超歴史的な素材規定と歴史的な形態規定との二重規定において解明しなければならない。このため，われわれはまず「社会資本」の素材的（質料的）規定を明らかにし，次に，「社会資本」の建設・管理運営および利用を考察することをとおして，「社会資本」の形態規定を具体的に明らかにしていこう。

第2節　「社会資本」の素材的規定
　　　──生産と消費の一般的条件──

　たとえば経済審議会社会資本研究委員会編の『これからの社会資本』によると「社会資本」は，「私的な動機（利潤の追求または私生活の向上）による投資のみに委ねられているときには，国民経済社会の必要性からみて，その存在量が不足するか，あるいは著しく不均衡になる等の望ましくない状態におかれるであろうと考えられる資本」（7-8頁）と定義され，その具体的内容は次のように示されている（図5-1）。

　いま，これらの「社会資本」なる概念が反映している具体的な表象を分析してこれらにほぼ共通する素材的規定を抽出すると，「社会資本」とは土地

図 5-1　経済審議会の定義した「社会資本」の内容と範囲

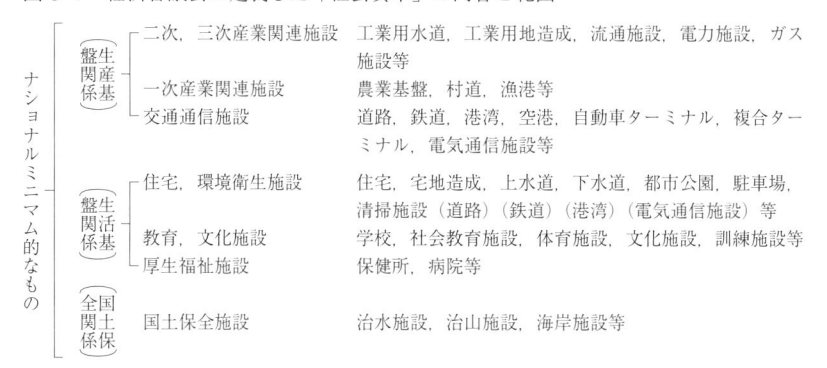

ナショナルミニマム的なもの	生産基盤関係	二次, 三次産業関連施設	工業用水道, 工業用地造成, 流通施設, 電力施設, ガス施設等
		一次産業関連施設	農業基盤, 村道, 漁港等
		交通通信施設	道路, 鉄道, 港湾, 空港, 自動車ターミナル, 複合ターミナル, 電気通信施設等
	生活基盤関係	住宅, 環境衛生施設	住宅, 宅地造成, 上水道, 下水道, 都市公園, 駐車場, 清掃施設（道路）（鉄道）（港湾）（電気通信施設）等
		教育, 文化施設	学校, 社会教育施設, 体育施設, 文化施設, 訓練施設等
		厚生福祉施設	保健所, 病院等
	国土保全関係	国土保全施設	治水施設, 治山施設, 海岸施設等

注：経済審議会社会資本研究委員会編『これからの社会資本』（大蔵省, 1970年）9頁。

に固着した固定施設, あるいは土地に合体した施設であるといえよう。

　さらに「社会資本」の素材的内容を検討すると二大別できる。

　第1は, 直接的生産過程の外部に横たわる生産の一般的条件である。つまり工場の機械設備等は直接的生産過程の特殊的条件であるのに対して,「社会資本」たる道路, 港湾, 工業用水等は, どのような特殊的生産過程においても必要な一般的条件なのである。マルクスは, 道路や運河のことを,「特殊な資本とその特殊な生産過程との諸条件にたいするものとは区別された社会的生産の共同社会的・一般的条件 (gemeinschaftlichen allgemeinen Bedingungen)」[6]と呼んでいる。この社会的生産の共同社会的・一般的条件が,「社会資本」のうち通常生産基盤と呼ばれているものに照応するであろう。

　この社会的生産の一般的条件は, まず基本的には土地であり, さらに治山・治水設備, 護岸設備, 灌漑設備, 造成土地等いわゆる労働によって媒介された土地そのものである。

　生産の一般的条件としては, 上記の土地のほかに, 土地と固着し土地と切り離すことのできない運輸交通手段がある。「生産が交換価値に, したがって交換に立脚するようになればなるほど, 交換の物的諸条件——交通手段と運輸手段——は, 生産にとってますます重要なものになる。資本はその本性からしてあらゆる空間的制限をのりこえる」[7]。この交換の物的諸条件たる

運輸交通手段は，直接的生産過程に入りこまずしたがって直接的生産手段としては機能しないが，生産の一般的条件をなすものである[8]。運輸交通手段ではその運輸の対象は種々であって，貨物一般，乗客を対象とするもの（道路，鉄道，港湾，運河，空港，自動車ターミナル等），特定の財貨を対象とするもの（上下水道，電力施設，廃棄物処理施設等），情報を対象とするもの（通信施設等）などがあるが，いずれも「社会資本」において最も重要な位置を占めるものである。

これら運輸交通手段の機能は距離・空間の克服にあるから，これは土地と固着しており直接的生産過程に入りこまない。運輸交通手段は，このように財貨の使用価値を生産する直接的生産過程に入りこむことなく，直接的生産手段としては機能しない。したがって資本制的再生産過程のなかで運輸交通手段への費用つまり運輸費は，流通費用の一部をなし資本制的生産の空費なのである。

「社会資本」の素材的内容の第2のものは，社会の構成員たる各個人が個々別々の個人としてではなく，他の諸個人と共同して欲求し消費するところの対象である。つまり，直接的個人的消費過程の外部に横たわる個人的消費の一般的条件が，「社会資本」の第2の部分である。これらは社会的な消費様式の対象であって，公共住宅，学校，病院，公園，保健所，ごみ・し尿処理施設，道路，上下水道等である。これらの消費の一般的条件は，労働力の再生産の一般的条件であり，人類が社会的存在であることから必然的に生ずる社会的消費形態に対応する固定施設であって，都市化そして消費の社会化が進展すればするほどこの比重は高まる。

以上，「社会資本」の素材的規定を要約すれば次のようになる。

土地に固着した固定施設 ⎰ 生産の一般的条件 ⎰ 労働によって媒介された土地
　　　　　　　　　　　 ⎱ 消費の一般的条件 ⎱ 運輸交通手段

生産の一般的条件と消費の一般的条件との区分は概念上のものであって，同時に両方の範疇でありうる「社会資本」も存在する。たとえば，一般道路，上下水道がそうである。

ただし，以上はあくまでも「社会資本」の素材的内容の分類であって，これら固定施設の管理運営の主体や所有関係については次に解明を要する課題である。このためには，「社会資本」の建設，管理運営および利用の各局面に分けて解明しよう。素材的規定に所有関係の規定がつけくわえられてはじめて「社会資本」の規定が具体的に確立されるであろう。

　なお，「社会資本」の建設においては，土地と固着し合体した施設の建設であるから，土地（大自然）に関する無数の因果連関，たとえば，地質，河川，森林，植生，生態系等にわたる広範で透徹した科学的調査を必要とする。これらの科学的調査を不十分なままに，壮大な自然界の法則を無視して，「社会資本」が建設されるならば，自然の仕返しを受けざるをえない。とくに治山，治水の施設つまりダムや堤防の建設あるいは道路の建設においてそうである。エジプトのアスワン・ハイ・ダムの失敗の例は教訓的である[9]。

第3節　「社会資本」の建設と管理運営

1　「社会資本」と国家

　生産の共同的・一般的条件の建設は，その大規模性のゆえに，歴史的には共同体が引き受ける。道路，治山治水施設等の建設工事が典型的である。資本制においては，「資本はつねに自己の価値増殖の特殊な諸条件だけを求め，共同的な諸条件はこれを国家的に必要なものとして全体の国家に押しやる。」[10] こうして，生産の一般的条件は，資本制国家（国，地方自治体，政府関係機関等）の公共事業として建設されることが多い。さらに個別資本が本来建設すべき生産の一般的条件も資本はこれを国に押しやる。とくに，特定少数の個別資本が共同利用するところの「社会資本」の建設および管理を資本は完全に押しやるのであって，たとえば，鹿島臨海工業地帯では，鹿島東部，西部地区に進出する29の企業の排水を一ヵ所にまとめて汚水処理する設備が茨城県営として建設，運営されている。また，一つの会社のために公営工業用水路が運営されている例（宇和島市，徳島市等）もある[11]。

　他方，生産の一般的条件の一部は，生産資本の運動に包摂され，とくに株

式会社の発展にともなって，かなり巨大な固定施設が株式会社形態の資本によって建設され固定資本として管理運営される[12]。鉄道，電気，ガス施設等がそうである（水道もかつては株式会社によって民間事業として運営されていた)[13]。私的資本によって生産資本として機能しているところの生産の一般的条件は，通常の固定資本とまったく変わるところはなく，「社会資本」ではない。

「社会資本」とは，生産の一般的条件のうち生産資本の運動に包摂されていないもの，つまり産業資本の運動に取り込まれていないもの，したがって，基本的には国家（地方自治体等公的機関をすべて含めた意味で用いる）によって管理運営されているものと一応規定しておこう。

消費の一般的条件についても同様であって，消費の一般的条件の一部は，社会の共同事務の遂行機関としての一面をもつ国家によって管理運営される[14]。典型的には，公園，上下水道，公共住宅，清掃施設，学校，病院，保健所，公民館，図書館等である。そして，他方，消費の一般的条件の一部は資本の運動に包摂されて私鉄や電力会社のかたちをとり，またいわゆるサービス資本としても機能する。たとえば，遊園地，レジャー・センター，ゴルフ場，映画館，野球場等の娯楽施設，私立病院等。通常「社会資本」と呼ばれるものはいうまでもなく前者である。

なお，1973年度の『経済白書』は，公共的なサービス部門（医療業，清掃業，運輸通信業，電気・ガス・水道業，教育，社会福祉事業）における公営事業の占める比率の推移を示している（図5-2）。この比率は，消費の一般的条件のうち「社会資本」として機能しているものの比率を大略示しているといってよいであろう（ただし，運輸通信業，電気・ガス・水道業は生産の一般的条件でもあるが）。

「社会資本」とは，生産の一般的条件および消費の一般的条件であり，しかもなんらかのかたちで国家（公的機関）によって建設，管理運営されているものと一応規定できよう。換言すれば，生産と消費との一般的条件の両者のうち，機能資本（利潤を生みだす資本）の運動に包摂されていない部分であると一応規定できるであろう。

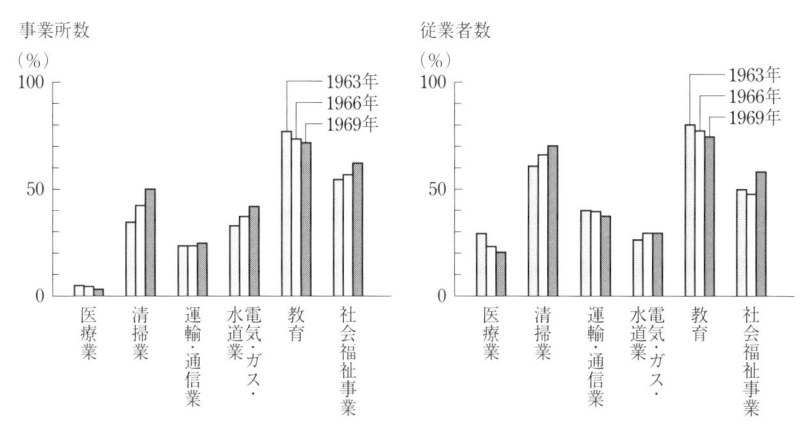

図5-2 公共的なサービスにおける公営比率の推移

事業所数／従業者数 (1963年, 1966年, 1969年) 医療業, 清掃業, 運輸・通信業, 水道業, 電気・ガス・水道業, 教育, 社会福祉事業

注：1）総理府統計局「事業統計調査報告」（1963, 66, 69年）により作成。
　　2）社会福祉事業においては，1963, 66年と69年では分類に変更があった。
出所：『1973年版 経済白書』233頁。

2 「社会資本」の諸形態＝公金私用の諸形態

さて，「社会資本」の建設と管理運営は基本的には国家によっておこなわれるものと規定したが，「社会資本」のうちとくに生産の一般的条件の建設と管理運営に関しては種々の形態がある。

「社会資本」を利用する個別資本が不特定多数ではなく事実上特定少数である場合，特定少数の個別資本が「社会資本」の建設費を一部だけ負担し他を国へ押しやる事例や全額国に押しやる事例とがある。たとえば，1975年度までの鹿島港の計画全体の総予算のうち企業専用岸壁工事費と埋立事業費を除いた926億7000万円の出資区分は，国32.3％，茨城県38.6％，企業29.1％である[15]。後述するように，鹿島港は事実上特定企業（住友金属，鹿島石油等）の専用港であるにもかかわらず，国や地方自治体が，その建設費の7割を負担しているわけである。このように，巨大企業は企業にとっての生産の一般的条件の建設を国に押しやるのである。

あるいはまた，「社会資本」の一部は，国，地方自治体とこれを利用する特定の企業とによって共同出資された株式会社の形態で建設，管理運営され

る。たとえば，鹿島臨海工業地帯では，茨城県，地元町村および進出企業の共同出資で鹿島埠頭株式会社（港湾運送事業，倉庫業等）が設立され，また茨城県，日本国有鉄道（当時）および進出企業との共同出資で鹿島臨海鉄道株式会社（地方鉄道法による貨物の運輸業）が設立されている[16]。

　いずれにしろ，「社会資本」を不特定多数の個別資本ではなく特定少数の個別資本が利用する場合，この特定少数の個別資本が「社会資本」建設に全額出資しないで，国や地方自治体に出資を求めるのである。これは公金私用の一形態であって，ここに，「社会資本」における社会概念の，あるいは公共投資における公共概念の本質があるといえよう。

　さらに指摘しておかなければならないのは，「社会資本」の建設主体のなかに直接土木建設資本（いわゆる民間デベロッパー）がくわわることである。たとえば，むつ小川原開発では県と国（北海道東北開発公庫）と民間デベロッパー（三井不動産，三菱地所，丸紅，伊藤忠など）とが共同して「むつ小川原開発株式会社」——このような特殊法人は通常第三セクターと呼ばれている——を構成している。また，鹿島では，県，地元町村，進出企業および民間デベロッパーとの共同出資で鹿島都市開発株式会社が設立されている。

　かつては，「社会資本」の建設は公的機関（国，地方自治体，公社公団等）によっておこなわれ，この公的機関の注文に応じて民間の土木建設資本が建設を請け負うという形態が通常であったが，1960年代後半以降，「社会資本」の建設に民間資本が公的機関と並んで建設主体として直接参加する傾向が強まっている。こうして「社会資本」の建設において，資本の論理が一層露骨にあらわれることとなる。

　しかも，「社会資本」の建設にあたっては，用地の取得という最も基礎的な業務は，権力機構としての地方自治体に押しつけている。鹿島では，県の「開発組合」，むつ小川原では県の「むつ小川原開発公社」が用地の買収にあたる。ここで権力機構として地方自治体が原土地所有者たる現地住民に対立して，「社会資本」を利用する特定少数（不特定多数ではなく）の個別資本（巨大企業）に奉仕するのである[17]。要するに，「社会資本」は，独占資本の立地難の解決策としての意味をもつのであって，この立地難を個別資本的に

解決するのではなく，国家権力的に解決するものであり，ここに，公共事業の公共性の本質がある。

なお，例示すると鹿島臨海工業地帯における各部門の建設主体は次のようになっている[18]。

用地の取得――県町村より構成される事務組合(鹿島臨海工業地帯開発組合)

港湾――国（運輸省港湾局）

道路――国道は国（建設省道路局），主要道路は県

鉄道――鉄道建設公団および鹿島臨海鉄道株式会社

工業用地造成――県

電力――東京電力

工場建設――民間企業

都市施設――県町村および鹿島都市開発株式会社

結局のところ，以上のような「社会資本」概念の欺瞞性を念頭におきつつ，「社会資本」は，土地に固着した固定施設――生産の一般的条件と消費の一般的条件とに大別される――であって，しかもその建設あるいは管理運営が全面的にか部分的にか国家（公的機関）によっておこなわれるものと規定できよう。「社会資本」の多様な諸形態はとりもなおさず公金私用の多様な諸形態にほかならないのである。

3 「社会資本」の建設と景気

「社会資本」の建設そのものは土木建設資本によって請け負われ施行されるが，大規模な「社会資本」の建設は一方的購買要因（G―W）を形成し巨大な有効需要をつくりだす。「たとえば鉄道建設のように1年またはそれ以上の長期間にわたって生産手段も生活手段もそのほかどんな有用効果も供給しないのに年間総生産から労働や生産手段や生活手段を引きあげる事業部門……たえず生産資本の諸要素が市場から引きあげられて，そのかわりにただ貨幣等価だけが市場に投げ入れられるのだから，支払能力のある需要がそれ自身からはなんの供給要素をも提供することなしに増大するのである。したがって，生活手段の価格も生産材料の価格も上がる」[19]。しかも，道路や橋

等の例を考えると明らかなように,「社会資本」が完成した場合も,その完成した「社会資本」が直接的生産過程において商品を生産し逐次生産物に価値移転（W─G）していくことはない。マルクスは,過剰生産による恐慌をさまたげる一要因として「資本の一大部分を直接的生産の作用因としては働かない固定資本へ転化すること」[20]と指摘しているが,この直接的生産の作用因として働かない固定資本とは,直接的生産過程の外部にある生産の一般的条件のことにほかならない。ディンケビッチは,「社会資本」（生産的・社会的インフラストラクチャーと呼んでいる）の建設は,その稼働によっては商品の生産がもたらされず,市場での商品の大量の急増を引き起こさないため,不況期において「社会資本」の建設が大きな役割を演ずると述べている[21]。

「社会資本」の建設は景気に大きな影響を及ぼすのであって,現状ではむしろ景気対策として「社会資本」の建設が推し進められる点が重要である。さらには,福祉政策の充実という名目によって,「社会資本」のうちの消費の一般的条件（公共住宅等）の建設が景気対策としておこなわれ,住宅産業等への市場開発がはかられる。

第4節 「社会資本」の利用形態

「社会資本」の利用形態について,「社会資本」を生産の一般的条件と消費の一般的条件とに二大別し,さらに前者に関しては専一的に利用する場合と共同利用する場合とに分けて考察しよう。

1 「社会資本（生産の一般的条件）」の専一的利用

工業用造成土地や専用埠頭は,公共事業として低利の政府資金（資金運用部資金等）を用いて建設され,個別資本（主として大企業）に低価格で売却される。個別資本はこれを専一的に利用するわけである。たとえば,元来勤労者のために住宅を建設することを任務としている日本住宅公団が,工業用地を造成して特定の企業（神戸製鋼,日立金属,東洋レーヨン等）に分譲している[22]。また,鹿島港の中央航路（掘込み港湾）の例でいうと,この航路

の幅員600メートルのうち両側の50メートルずつと岸壁は企業（住友金属と鹿島石油）の所有となっている。この航路の両側50メートル分の工事費は全額企業の負担であるが，他の部分つまり中央の500メートル分は国，県および企業の共同負担である。こうして，二企業は港湾工事費の一部分のみを負担し，しかもこの中央航路の維持管理費をまったく支払わないで，購入した専用岸壁を専一的に利用できるのである[23]。一企業が単独で使用する施設であれば，この施設の建設費，維持管理費を企業が全額負担するのが当然であるが，複数の企業が各々専一的に利用する施設の建設費や維持管理費は，公共事業，「社会資本」ということで，国や地方自治体に負担を押しやられることとなる。

　前述のように，運輸交通手段（道路，港湾等）への支出は資本にとっては空費である。運輸費用は直接的生産過程のための費用ではないから，商品に使用価値を追加せず，たんに商品に価値を追加する費用である。それゆえ，資本は運輸交通手段への支出（建設費，維持管理費）を極力節約する衝動を必然的にもっている。資本の論理は，流通空費をたんに節約するばかりでなく，これを国家の負担に押しやる。流通空費の負担を国家へ押しやることのできるのは，事実上「社会資本」としての運輸交通手段を専一的に利用する巨大企業であるから，この巨大企業は流通空費を節約して超過利潤を獲得するのである。

2　「社会資本（生産の一般的条件）」の共同利用
──利子・地代範疇と「社会資本」

　各個別資本が「社会資本」を共同利用する場合について考察をくわえよう。この場合，個別資本は「社会資本」を購入するのではない。とすれば，「社会資本」を利用するというのは経済学的にいかなることなのか，そして「社会資本」の使用料なるものの理論的規定はなんであるかの問題を解明しなければならない。

　道路の場合が典型的であるから，これについて考察しよう。道路は土地そのものと土地に固着した諸々の固定施設との複合体である。一般に，固定施

設が直接的生産過程で固定資本として機能している場合には，この固定資本の価値が漸次商品に移転していく。しかしながら，道路の場合はそうではない。道路のような運輸交通手段は前述のように直接的生産過程の外部に横たわっているのであって，道路の価値が道路の利用に応じて貨物に移転していくのではない。マルクスは「交通手段運輸手段等のばあいのように，購買者が直接その使用価値にたいして支払うような」[24]形態が存在すると指摘している。あるいはまた，生産過程の内部でのたんなる生産用具としての形態のほかに，「たとえば鉄道，運河，道路，水道のような自立的な資本形態として，土地と合体させられた資本等として現れる」[25]場合を指摘している。

　土地と合体された固定施設をマルクスは土地資本 (Erde-Kapital) と名づけているが[26]，道路，港湾，鉄道，上下水道等の生産の一般的条件は，この意味において土地資本に対応するであろう。マルクスはまた土地資本に関しては，本来的地代と土地に合体された固定資本（固定施設）の利子との区別が重要であると指摘している[27]。

　さて，地代についてはのちほど解明するとして，固定資本の利子とはなにかを解明しよう。前述のように，道路等は自立的な資本形態としてあらわれるのであるが，ここで自立的な資本形態というのは利子生み資本であって，道路等が利子生み資本の一形態としての現物貸付資本として機能しているのである。利子生み資本の運動の本質は，価値の一時的譲渡にあるが，この価値額が貨幣形態であろうと商品形態であろうとさしつかえない。貨幣形態の場合は貨幣貸付であって，これは最も通常のかたちである。商品形態の場合が現物貸付であって，商品たる現物が資本として貸し付けられるのである。「ある種の商品は，その使用価値の性質上，いつでもただ固定資本としてしか貸し付けられることができない。家屋や船舶や機械などがそれである。しかし，すべての貸し付けられる資本は，その形態がどうであろうと，またその使用価値の性質によって返済がどのように変形されようとも，つねにただ貨幣資本の特殊な一形態でしかない。……貸し手は周期的に利子と，固定資本そのものの消費された価値の一部分，つまり周期的な摩滅分の等価とを受け取る。そして，貸付期間の終わりには，貸し付けられた固定資本の未消費

部分が現物で帰ってくる」[28]。

　通常の現物貸付の場合（リース・レンタル等），固定施設そのものが貸し付けられ，この固定施設の利用者すなわち借り手は利子と固定施設の摩損分の等価を貸し手に支払い，期限が到来すると未消費部分の固定施設を返済する。ところで，道路の場合には，道路の利用者は利子を支払う点に変わりはないが，道路の利用者は一般に不特定多数であり，特定の利用者が道路の利用を専一的におこなうのではない。そのため，期限到来時における現物での還流運動は生じない。しかも，道路は世紀的寿命をもつものであるから，道路の摩損分ではなく道路の維持および修繕に要する費用を利用者は支払うこととなる。この点でのみ，道路は，利子生み資本の一形態としての通常の現物貸付資本と異なる。いずれにしろ，道路のような固定施設は，現物貸付資本として機能する側面を有している[29]。

　次に，土地資本における地代の問題に移ろう。道路が私的に所有されていると前提するかぎり，道路には差額地代と独占地代が生ずるであろう。

　いま，2地点間に複数の道路がある場合，より優良な道路を利用する個別資本は，劣等な道路を利用する個別資本に比して，流通費をより節約でき，流通期間を短縮でき，したがって資本の回転期間をより短縮でき超過利潤を手に入れ得る。この超過利潤は土地の私的所有の条件のもとでは差額地代に転化して土地所有者，したがって道路の所有者の手に移る[30]。農業地代における差額地代の場合には，土地の豊度や位置の差が農産物の個別的費用価格の差額を介して超過利潤の差額を生みだし，これが差額地代に転化する。これに対して，道路等の運輸交通手段における差額地代の場合には，道路等の走行条件の差異が道路を利用する個別資本にとっての流通費，流通期間の差を生みだし，この差が利潤の差額を生みだし，これが差額地代に転化する。

　最劣等の道路には差額地代は発生しないが，土地所有の独占があるかぎり，土地所有者は地代ゼロでその道路を使用させることはありえない。この最劣等の道路にも，土地所有の独占によって独占地代が生ずる。また2地点間にただ1本の道路しかない場合には，ここには差額地代は生じないが独占地代，しかも強固な独占にもとづく高額の独占地代が発生することになろう。独占

地代の大きさは，道路の使用をめぐる競争条件によって規定され，独占地代の限度は道路使用者の支払能力によってのみ規定されることとなる。

　以上明らかなように，道路を利用するということは土地および土地に固着した固定施設の賃貸を受けるということにほかならない。そして，道路の使用料は，土地の私的所有の条件下では，原理的には賃貸価格であって，利子プラス道路の維持修繕費プラス独占地代プラス差額地代となる[31]。つまり，道路の使用料は，利子範疇と地代範疇の統一物であるといえよう。道路の使用料について述べたことは，他の運輸交通手段——港湾，運河，橋等——にも基本的にあてはまるであろう。

　以上，土地と土地に固着した固定施設との複合体である道路や港湾が私的に所有されている場合について述べたのであるが，道路，港湾のある土地が国有化（社会化）され，したがって道路や港湾が社会化されている場合にはどうなるか。つまり，道路や港湾等の運輸交通手段が「社会資本」として機能する場合には，独占地代は消滅する。独占地代は土地所有の独占の条件下においてのみ成立するものだからである。そして差額地代は，土地所有者としての国家の手に入るであろう。こうして，道路等の国有化すなわち「社会資本」化は，独占地代を消滅させ，これを利用する個別資本は，道路の使用料として，利子プラス維持修繕費プラス差額地代のみを支払えばよいことになる（なお，優良および劣等の道路が併存していない場合には，差額地代が生じないことはいうまでもない）。前述のように運輸交通手段への支出は資本にとっては流通空費なのであって，「社会資本」の意義は，これを利用する個別資本にとって流通空費の一部をなす独占地代部分を節約するところにある。ここに，資本と土地所有との矛盾の一解決形態が示されている。

　差額地代は虚偽の社会的価値であって市場価値の法則から生ずるのであるが，国家がこの商品生産の論理を超えて政策として差額地代を消滅せしめることは可能である。ここでは，道路等の使用料は利子プラス維持修繕費の水準に設定される。さらには，政策として，この水準を下回って（この極限は無料）設定される場合もあり，この水準を下回る差額は国家財政によって負担されるわけである。この場合，「社会資本」を利用する個別資本は，使用

料の一部あるいは全部を国家に肩代わりさせ，よりいっそう流通空費を節約することができる。

「社会資本」の利用に差別があって，たとえば主として巨大企業が独占的に利用し中小企業が締めだされているような場合には，「社会資本」を独占的に利用可能な個別資本は，これを利用しえない他の個別資本に比して，流通空費をより節約でき，流通期間を短縮して資本の回転期間をより短縮できるので超過利潤を獲得できる。すべての個別資本がまったく平等に「社会資本」を利用できる場合には，このような超過利潤は発生しないことはいうまでもない。

「社会資本」の利用が大企業にも中小企業にも差別なくおこなわれることはむしろ少ないのであって，「社会資本」は不特定多数の個別資本によって利用されるとはかぎらない。道路等は比較的不特定多数（大企業も中小企業も）の利用に供されるが，他は特定少数の個別資本の専一的利用に近いものが多い。たとえば，京浜外貿埠頭公団が建設した大井町コンテナ専用埠頭の利用は，公団債引受けの船会社（日本郵船，ジャパンラインなどのいわゆる中核6社と四つの米国の船会社）に限定されている[32]。また，鹿島港の岩壁の90％は企業の専用であり，とくに住友金属と鹿島石油の2社の占める比重が高い。このように，公的機関によって建設された「社会資本」の利用から中小企業は締め出されているのが現状である[33]。

「社会資本」としての生産の一般的条件を利用する個別資本にとっての「社会資本」の意義は，まとめると次の点にあるといえよう。

①地代（独占地代あるいは差額地代）の消滅。②①にもとづくところの流通空費の節約。③流通期間の短縮による資本の回転期間の短縮。④販路の拡大による資本蓄積の進展。⑤「社会資本」を独占的に利用する個別資本（主に巨大企業）は，利用できない個別資本に比して，①〜④にもとづく超過利潤を獲得できること。

3 「社会資本（消費の一般的条件）」の共同利用

「社会資本」としての消費の一般的条件は，不特定多数の諸個人によって

集団的に利用されるが，この利用するということは「社会資本」を購入するのではなく，生産の一般的条件の共同利用の場合と同様に，賃貸を受けることである。このことは，公共住宅の例において最も典型的であろう。消費の一般的条件をなす「社会資本」も，土地と合体した資本すなわち土地資本として機能し，利子と地代が問題となる。

「社会資本」の使用料（料金，手数料，受益者負担金等の名で呼ばれる）は賃貸価格であって，基本的には家賃と同様に，利子プラス地代プラス減価償却費プラス修繕管理費の水準によって規定される[34]。いま日本住宅公団の賃貸住宅の家賃についてみると，償却費，地代相当額，修繕費，管理事務費，損害保険料，公租公課および引当金の合計額が家賃である。上記のうち償却費は建設費を年利5％で70年間元利均等償却した額であって家賃総額の約半分を占める。地代相当額は用地費の5％と計算されているが，用地費は土地取得時における土地価格であり，土地価格は資本化された地代であるから，したがって用地費は前払された地代にほかならない。なお，家賃総額に占めるこの地代の比率は，1971年度事業建設分で22.1％である[35]（この地代の比率は，1956年6.6％，1965年14.8％であった）[36]。

ともあれ，「社会資本」の使用料において地代が大きな比重を占めており，しかもこの比重が年々上昇していることに留意すべきであろう。いいかえれば「社会資本」の建設にあたって用地取得のための費用すなわち用地費の比重が高いのである。ある試算によると，大規模住宅団地開発にともなう生活環境整備（住宅そのものを除き，道路，上下水道，終末処理場，公園緑地，公共駐車場，ごみ処理施設，学校，消防分署，図書館，公民館等を含む）についての1世帯当たりの費用は約140万円（1969年価格）であり，そのうち用地費は約66万円を占める（約47％）[37]。

こうして，消費の一般的条件においては，土地所有の私的性格と「社会資本」の公共性との矛盾が重要な意味をもっており，また，住宅等における建築地地代にあっては，土地所有の寄生性はきわめて明白である[38]。

「社会資本」の使用料は上記の水準によって規定されるが，これが公有化されているかぎり政策的にこの水準より低く設定され，さらには無料（たと

えば公園，図書館）となる場合もあり，この差額は租税等国家によって負担される。このことをとおして，労働力の再生産費したがって可変資本が節約される。

「社会資本」の管理運営において，固定施設のたんなる維持管理のみならず，これに結合して特定のサービス（労働そのものの有用性）の提供がおこなわれる場合がある。たとえば，病院，学校等である。この場合，「社会資本」の使用料には，この特定のサービスに対する支払分も含められる。

第5節 「社会資本」と土地資本――むすびにかえて

以上の考察にもとづいて，あらためて「社会資本」を土地資本との関連において解明しまとめておこう。土地資本とは，前述のように，土地と合体した固定資本である。

土地資本も，その素材的内容は土地に固着した固定施設であって，この点では「社会資本」と同様である。土地の私的所有と資本制的生産様式の支配的な条件のもとでは，土地に固着した固定施設は土地資本として機能する可能性を有している。つまり，土地資本においては，土地に合体した固定施設は固定資本であって，この固定資本そのものは第4節で述べたように利子生み資本の一形態であるところの現物貸付資本として機能する。土地に合体した固定資本は，直接的生産過程において機能資本として機能するのではなく，利子生み資本というより高次の資本形態をとるのである[39]。さらに，土地資本は，土地所有の契機をもつところから，地代範疇を生みだす。土地資本の貸付は，土地そのものの貸付と土地に合体した固定資本の貸付との統一である。したがって土地資本の賃貸価格は，土地そのものから生ずる本来的地代と固定資本の利子との統一として規定される。

土地資本の賃貸価格は，第4節で述べたように利子プラス地代プラス減価償却（あるいは修繕費）の水準に決まる。土地資本がなんらかのかたちで公有化され「社会資本」化しても，この「社会資本」の使用料が上記の水準に設定されている場合には，つまり利子・地代範疇が現実的に成立している場

合には，その「社会資本」はとりもなおさず土地資本として機能しているのである。

　土地資本は，本来的地代と利子との複合たる一定の所得をもたらすものであるかぎり，土地資本が擬制資本化されて売買されることとなる。すなわち地代の資本還元額と利子を生みだす元本たる固定資本額との統一体が土地資本の価格となる。これがたとえば造成工業用地の価格である。

　土地資本がなんらかのかたちで社会化され「社会資本」となると，土地所有が制限され，あるいは利子生み資本の運動が止揚されて，その賃貸価格は上記の水準以下となりあるいは無料となる場合がある。これは，土地資本範疇の止揚形態であるが，止揚の段階は多様であって，これに対応して「社会資本」の形態も多様である。

　さいごに述べておきたいのは，「社会資本」においては，土地の社会化，固定施設の社会化が推し進められるのであるから，「社会資本」を建設し管理・運営する公的機関（とくに地方自治体）が，「社会資本」を利用する個別資本の運動（資本の論理）をこの社会化を梃子として規制し，たとえば有害物の排出を徹底的に規制するならば，「社会資本」は積極的な意義をもつということである。問題は公的機関の性格にある。

注
1）　近代経済学では「社会資本」に相当する財はまた公共財とも呼ばれ，公共財論は公共経済学の中心テーマとなっている。公共経済学ないし公共財論の検討としては，伊藤陽一「公共経済学」（山田喜志夫編『講座 現代経済学批判Ⅲ 現代経済学と現代』日本評論社，1974年，所収）参照。
2）　宮本憲一「社会資本論批判(一)(二)」（『金沢大学経済論集』第1号および『金沢大学法文学部論集 法経篇』第10号）。
3）　池上惇「社会的労働手段と公共投資」（京都大学『経済論叢』第90巻第6号）。
4）　論争の経過や主論点を見るには次の文献が便利である。北沢啓明・仲田朋道「社会資本概念の基礎的検討」（『経済』1973年11月号），小谷義次編『国家資本の理論』（大月書店，1974年）第1章。
5）　拙著『再生産と国民所得の理論』（評論社，1968年）第11章を参照。
6）　K. Marx, *Grundrisse der Kritik der politischen Ökonomie*, S. 432（高木幸二郎監

訳『経済学批判要綱』第Ⅲ分冊，大月書店，470頁）．
7） *Ebd.*, S. 423（同上，460頁）．
8） 「かりに労働時間が直接的生産で全部消費されるとするなら，……道路はかならず建設されないままであろう．全社会が一個の個人とみなされるならば，必要労働は，分業によって自立化している特殊な労働諸機能の総計として存在するであろう．一個の個人は，たとえば若干の時間を農耕のために，若干を工業のために，若干を商業のために，若干を用具の生産のために，……若干は道路建設と交通手段のために使用しなければならないであろう」（*Ebd.*, S. 425. 同上，462頁）．いかなる共同体においても，その共同体の維持のため社会の総労働時間の一部が運輸交通手段の建設にあてられなければならない．
9） 富山和子「幻想に終わったアスワン大開発」（『エコノミスト』1973年10月16日号）参照．
10） K. Marx, *Grundrisse*, S. 430（邦訳，第Ⅱ分冊，468頁）．
11） 佐藤武夫『水の経済学』（岩波新書，1965年）180-181頁．
12） 多数の個別資本によって共同で利用されていたような類の生産の一般的条件が，巨大独占資本の出現にともなって，個別資本の資本の運動に包摂されて特殊的条件に転化するものもある．宮本憲一氏は，これを社会的労働手段の固定資本化と呼び，次のように述べている．「生産過程と流通過程の巨大資本による独占は，生産の一般的条件を特殊的条件にかえてしまう．工業用水，港湾，鉄道，道路はかつては，資本の共同利用するものであったが，いまやその一部は特定の資本の占有物にかわらざるをえなくなる」（『社会資本論』有斐閣，1967年，75頁）．
13） 佐藤武夫，前掲書，3頁，参照．
14） 消費の一般的条件が公有化される契機については，宮本憲一，前掲書，36-38頁および102-123頁，参照．
15） 中西準子「欠陥・鹿島港を洗う」（『エコノミスト』1975年5月6日号）39-40頁．
16） 茨城県開発部『鹿島臨海工業地帯開発の現況』21頁．
17） 鹿島における用地取得の実状については，大崎正治「鹿島開発と移転住民」，「鹿島の新たなるエンクロージャー　鹿島町三浜地区住民とのインタビュー」（『国学院経済学』第22巻第2号および第3号，1974年）を参照．
18） 産業計画会議「大規模開発プロジェクトの展開」（『開発金融』第13号，1969年9月）41頁．
19） K. Marx, *Das Kapital*, II, MEW, Bd. 24, S. 317（邦訳『資本論』第2巻，大月書店，385-386頁）．

20)　K. Marx, *Grundrisse*, S. 636（邦訳，第Ⅳ分冊，703頁）．
21)　А. И. Динкевич, Экономика современной японии и проблемы цикла, «НАРОДЫ АЗИИ и АФРИКИ», 1970, 1, стр. 45.
22)　独占分析研究会編『日本の公企業』（新日本出版社，1973年）385-387頁．
23)　中西準子，前掲「欠陥・鹿島港を洗う」40頁．
24)　K. Marx, *Grundrisse*, S. 612（邦訳，第Ⅳ分冊，675頁）．
25)　*Ebd.*, S. 578（同上，638頁）．
26)　K. Marx, *Das Kapital*, Ⅲ, MEW, Bd. 25, S. 632-633（邦訳，第3巻第2分冊，799頁）参照．
27)　*Ebd.*, S. 635（同上，803頁）参照．
28)　*Ebd.*, S. 356（同上，第1分冊，429-430頁）．
29)　宮本憲一氏は「道路の価値は，生産過程における機械設備のような固定資本（C）の価値の移転と同じである」（前掲書，18頁）とされ，島津秀典氏も，同様に，「社会資本」の価値があらたにつくりだされた生産物に移転する（小谷義次編，前掲『国家資本の理論』72頁以下），と主張されている．これらの所説は，第1に，直接的生産過程で機能する直接的生産手段と，運輸交通手段という直接的生産過程の外部にある生産の一般的条件との同一視であり，第2に，通常の固定資本による生産物への価値移転と，固定資本の現物貸付による賃貸料の形成との混同であるように思われる．
30)　道路に生ずる差額地代および使用料について具体的には，田中章義「道路投資の基本性格——道路公団の分析——」（『経済評論』1968年10月臨時増刊号）参照．
31)　道路の使用料は家賃と類似している．家賃は，利子プラス修繕費プラス家屋の減価償却部分プラス地代であって，家屋のように耐用年数が比較的短く確定されるものは家屋の徐々の磨損に応じる減価償却が必要となる．これに対して，道路はいわば世紀的寿命をもつので減価償却は無視され，修繕費と維持費が必要とされる．
32)　「公団によれば〈埠頭使用の効率化を図るため，利用者が埠頭を"専用"することが最善であり，従来の公共埠頭の一般使用と異なる形態が必要〉（公団資料）なのだそうだが，これでは公団の存在は国と地方自治体のカネを使い，できた施設を大企業に渡すトンネルのような役回りではないか」（斎藤茂男『わが亡きあとに洪水はきたれ！』現代史出版会，1975年，61頁）．
33)　筆者は旧稿において，「社会資本」に関して「不特定多数の個別資本の，共同で……社会的に消費，利用される」（拙著，前掲『再生産と国民所得の理論』314頁）としたが，「社会資本」をこのように規定することは改められなければ

ならない。消費の一般的条件はたしかに不特定多数の個人によって個人的に消費されるが,生産の一般的条件についてはそうであると限らない。したがって,「社会資本」の規定として不特定多数の消費をあげることは,「社会資本」の問題性を見失わせるものである。

34) 拙著『現代インフレーション論——恐慌・金・物価——』(大月書店,1977年)第8章および第9章を参照。
35) 独占分析研究会編,前掲『日本の公企業』370頁。
36) 中山伊知郎『物価について』(中公新書,1967年)79頁。
37) 『1972年版 経済白書』147-148頁および237-239頁,参照。
38) 建築地地代の研究は未開拓の分野であるが,さしあたり硲正夫『地価をこう見る——現代の土地問題——』(富民協会,1973年)参照のこと。
39) 島津秀典氏は「社会資本」の概念規定において,「社会資本」をあくまでも資本という関係概念の視点から規定されるべきことを主張されているが,氏のいう資本は利子生み資本ではなく,剰余価値ないし利潤をつくりだす資本の意味である。すなわち,氏は「社会資本」を次のように規定する。「生産手段のすべてあるいはその主要部分を国家が所有するが,これを生産的賃労働者と合体させ資本として機能させる主体が私的資本であるばあい,国家所有の生産手段は『社会資本』に転化する」(「国家資本といわゆる社会資本」,小谷義次編,前掲『国家資本の理論』56頁)。

　しかしながら,氏の規定にはいくつか問題がある。第1に,消費の一般的条件が氏の規定では完全に脱落している。第2に,国家が生産手段を所有して,この生産手段と直接合体する労働者——「社会資本」を管理運営する労働者——は私的資本に属するということは通常ありえない。というのは,国有の生産手段と合体してこれを管理運営する労働者は通常国家(公的機関)と直接あるいは間接(下請けのかたちで)に雇用関係を結んでいるからである。たとえば国有の道路の場合,この道路と直接合体する労働者は,道路の諸施設を管理運営する労働者(たとえば道路公団の職員)であって,道路を利用する運輸労働者ではない。氏の規定では「社会資本」の管理運営と利用とが混同されているのではないだろうか。第3に,総じて氏は,本章のはじめに述べたように元来近代経済学の用語である「社会資本」の「資本」という用語にとらわれているように思われる。

第III部

近代経済学批判

第6章 近代経済学の特質

　インフレーション，国際通貨危機，公害，環境破壊，資源問題，人間疎外の深化等々に象徴される現代資本主義の危機の進行は，もろもろの経済理論にとっての試金石となっている。すべての経済理論は，この危機的様相を深める現代資本主義から挑戦を受けているのである。いずれの経済理論が，よくこの挑戦に応えて，現代資本主義の全面的・根底的な分析を提示できるであろうか。

　1971年12月，ロビンソン女史は，アメリカ経済学会での講演「経済学の第二の危機」を，「私が取りあげているのは，経済理論が明らかに破産してしまっているということです。経済学者以外の人々にとってはもっとも回答を必要としている問題について，経済学者の立場からなにも発言することができないということが再びおきているということなのです」[1]と結んでいる。ここでロビンソン女史のいう経済学理論とは，いうまでもなく新古典派に代表されるいわゆる近代経済学（とくにアメリカの）にほかならない。そして，女史はこの近代経済学のことを「現実とはなんら接触をもたない，複雑な理論を空中に組み立てるぜいたくな経済学」[2]とさえ述べている。このように，近代経済学の内部から近代経済学の非現実性に対する自己反省がなされ，経済ジャーナリズムを賑わせているのが現状である。では，近代経済学の破産をもたらし，近代経済学の内部から経済学の危機論が生ずるようになった要因はなにであろうか。

　近代経済学の理論は，いわば資本制商品の論理のなかに埋没しているといってよいであろう。いいかえれば，近代経済学は市場メカニズムによる予定調和・資源の効率的配分の信仰にもとづいており，しかもその研究対象をはじめから資本制商品生産の論理の支配する領域，市場メカニズムの作用する範囲に限定してきたのである。このように，近代経済学は，研究対象を限定し，これこそが経済学の科学化，精密化だと錯覚して，純粋経済学を誇っ

てきたのだが，環境破壊，都市問題の激化あるいは国家独占資本主義下における公共部門の拡大等の現象に直面して，大気，河川，海洋，道路，公共諸施設等の商品生産の論理の直接作用しない分野，市場メカニズムの直接機能しない領域にも目を向けざるをえなくなった。そこで，公共財の理論とか公共経済学が唱えられ始めたが，ここでも，たとえば「市場の失敗」「コスト・ベネフィット分析」等といういぜんとして商品生産の論理にひたりきった視角，あるいは市場メカニズムを擬制した視角からしか分析をなしえないのである。とくに，公害論においては，近代経済学の市場メカニズム信仰は滑稽以外のなにものでもない。

　自由な市場メカニズムに対する信仰に立脚する近代経済学，とくに新古典派の基本前提は消費者主権であり，この背後にある方法論は，個人の行為から出発して経済現象を記述する，つまり個人を媒介にして経済システムの機能を分析していく方法論的個人主義である。

　この消費者主権なるものが，まったくの虚構であり非現実的な想定であることは，現代の独占資本主義下の日常の現実が証明しているし，近代経済学者自身が認めていることでもある。ガルブレイスは次のように指摘している。「何が生産されるべきかを決定するイニシアティブをとるのは，生産機構を自分の積極的な意志に従わせる指令を市場を通じて発する主権者としての消費者ではない。むしろそれは，自分が奉仕するはずの市場を逆に統制し，さらに顧客を自己の必要に従わせようと努める大規模な生産組織である」[3]。

　方法論的個人主義の主張するように個人の行動を媒介にして資本主義社会を分析できるであろうか。個人の行動を基本的に規定するものはなにかをまず解明すべきであろう。たとえば，資本家個人をとるならば，資本家は資本範疇の人格化であって，資本の運動の客観的内容——価値増殖——が資本家の主観的目的を規定する。資本家は「貨幣蓄蔵者と同様に絶対的な致富欲をもっている。だが，貨幣蓄蔵者の場合には個人的な熱中として現われるものは，資本家の場合には社会的機構の作用なのであって，この機構のなかでは一つの動輪でしかないのである」[4]というのが現実である。したがって，資本家個人の行動をとおして資本主義経済の機能を分析するという近代経済学

の操作は,まったく転倒したものといえよう。

　また,近代経済学の一部には,社会的諸条件をすべて与件と前提して市場メカニズムの作用する経済過程についてのみ考察を限定してきた純粋経済学を超えて,社会学と経済学との結合や政治経済学への途をたどる方向も模索されてはいる。しかし,この方向も,とくに国家についての科学的分析がまったく欠如し,国家が公平無私な中立者であると想定する根本的な限界をもっている。

　マルクス経済学は,社会の富の原基形態たる商品の分析から出発するのであるが,商品を労働生産物のとる一歴史的形態として把握する。つまり,ある特定の社会的条件のもとで,生産物は商品という形態をとるのであり,商品を超歴史的な側面(使用価値)と歴史的な側面(価値)との統一において,いいかえれば素材視点と価値視点との二重性において把握する。このように,二重規定において対象を把握することはマルクス経済学の決定的な要点である。マルクス経済学では,商品生産や資本制生産の分析を人間の自然への能動的働きかけである生産一般の分析と統一的におこなっており,商品生産や資本制生産を人間の自然との物質代謝の一形態として把握するのである。こうして市場メカニズムに包摂されない生産条件や生活条件についても,はじめから分析の対象とされており,明確に規定されている。

　近代経済学では,上述のような二重規定による把握はまったく欠けており,歴史的形態を超歴史的な自然形態と同一視する。たとえば,商品を生産物の一般的自然的形態とみなし,資本を生産手段と,賃労働を労働一般と,土地所有を土地そのものと同一視し,「物質的生産諸関係とその歴史的社会的規定性との直接的合成」[5]がなされているのが近代経済学(俗流経済学)の基本的性格である。近代経済学が,この歴史的社会的形態を普遍的形態と同一視するということは,とりもなおさず現代の資本主義制度を恒久的なシステムとして与件としてそのまま受け入れていることによくあらわれている。

　マルクス経済学では,商品生産においてすでに資本制生産の諸矛盾の萌芽形態——使用価値のための生産ではなく交換価値のための生産という転倒性,私的労働と社会的労働との矛盾,恐慌の可能性,物神性等々——をえぐりだ

す。そして，市場メカニズムつまり資本制商品生産の論理があらゆるものをなぎ倒して広野を馳けるように貫徹した帰結こそが，公害，環境破壊，都市問題等の激化なのであった。ところが，近代経済学では，商品生産のなかに市場メカニズムによる予定調和をみるのみである。近代経済学は，市場メカニズムをパレート最適という効率性基準のみによって評価するものであり，そして資源の効率的配分を第一とする冷徹な資本家的計算に徹した，人間の顔を失った経済学となっている。ここでは，経済政策の効果も GNP という集計的な市場経済的指標によって判定されるのであって，人間は消え失せている。

　逆説的に聞こえるかも知れないが，第二次大戦後，資本主義経済は激烈な形態での恐慌を経験することなく，いわゆる「高度成長」を遂げてきたこと，このことが，近代経済学の危機を用意したといえよう。この高度成長が，経済学に資本主義にはもはや実現の問題（市場問題）は消滅したかのような幻想を抱かせ，ケインズ的枠組みのなかでの予定調和の信仰――新古典派総合――を回復せしめた。ところで，近代経済学は，戦後の資本主義がケインズ主義的政策によって激烈な恐慌を回避しえた機構や諸条件を深く分析することをしなかった。つまり，ケインズ主義的政策の有効性が，ある特定の条件――アメリカにおける金の集中――のもとでのみ発揮されたことを洞察しえなかった。近年その特定の条件が崩れ，ケインズ主義的政策の破綻が明瞭になったことは，同時にケインズ理論を主柱とする近代経済学の一つの危機の始まりにほかならなかった。

　近代経済学は，現象の表面的な記述整理にとどまっており，現にある資本主義経済の客観的な運動法則を解明して現実の諸現象が生ずる必然性を解明するものではない。このため，対象を変革する客観的諸条件も明らかにできない。結局のところ，近代経済学には資本主義経済をどのように管理するかという対策を指摘するにとどまるという経済学の技術化の傾向が強いのである[6]。近代経済学が，理論というよりは政策論的あるいは規範的性格を帯び

るのはこのためである。

　そして，近代経済学者は，現にある経済制度や機構の歴史的必然性を解明しないで，ちょうど部屋のレイアウトを設計しデザインするのと同じように，規範的な経済制度・経済システムを設計しデザインする。人間は部屋のレイアウトを自由に設計することはできる。しかしながら，商品生産社会は「交換価値に立脚する生産様式と社会形態」[7]であって，ここでは，人間は価値法則の支配下にあり，価値法則に規定された生産が人間に対して外的な力として立ち現われる。商品生産を止揚した社会すなわち「共同の生産手段で労働し自分たちのたくさんの個人的労働力を自分で意識して一つの社会的労働力として支出する自由な人々の結合体」においてはじめて，「社会的生活過程の，すなわち物質的生産過程の姿は，それが自由に社会化された人間の所産として人間の意識的計画的な制御のもとにおかれ」（傍点引用者）るのである。つまり，このような社会においてのみ，人間は社会の真の主人公となり，社会の体制を意識的に設計しデザインできるであろう。「しかし，そのためには，社会の物質的基礎または一連の物質的存在条件が必要であり，この条件そのものがまた一つの長い苦悩にみちた発展史の自然発生的な所産なのである」[8]ことに留意すべきであろう。近代経済学にはこのような視点はまったく欠けている。というのも，とくに商品，商品生産についての透徹した分析がないからである。

　現在，医療制度が大きな問題となっているが，この医療という人間の肉体や精神を扱う「神聖」な領域に商品生産の論理，資本の論理が進入してくることに種々の矛盾が生ずる根拠がある。近代経済学者も，現代の医療が市場メカニズムの支配下にあることに問題があるとみなし，さらには，この市場メカニズムの廃止を主張するにいたっている。たとえば宇沢弘文氏は，医療制度に関して，「プライス・メカニズムを支配的な原則の座から下ろすわけです。つまり制度を変えれば，プライス・メカニズムで動かないで，別の動機にもとづいて行動する人が多くなり，それが一つの支配的な社会通念になっていくと思うのです。いままでの市場経済中心の考え方から少し離れ，広い立場から考える必要があると思う」[9]と述べている。しかしながら，こ

こには，プライス・メカニズム，したがって商品生産の論理の生ずる客観的条件，必然性の分析——この分析によってのみ，商品生産止揚の論理も本質的に解明されるのだが——抜きに，ただ主権的願望が示されているにすぎない。

近代経済学は，いわゆる官庁経済学として，現代資本主義国家による経済政策，経済計画の基礎理論となって広範な影響力をもっている。いわゆる所得政策はこの最も典型的な例であろう。また，中期経済計画などの計量経済モデルをみても，近代経済学の理論が前提とされてモデルが構成されている。現状がこのようであるとき，国家独占資本主義のイデオロギーとしての近代経済学に対する批判は不可欠といえよう。

なお，真の学説批判は，現代資本主義に関する積極的な分析を提示して，これをその学説に対置することでなければならない。現代の資本主義経済における諸々の新しい現象は，マルクス経済学にとっても同様に試金石となっているのであって，資本主義の新しい発展段階に対応して，マルクス経済学の理論がよりいっそう展開されなければならないことはいうまでもない。

注

1） Joan V. Robinson, "The Second Crisis of Economic Theory", *American Economic Review*, 62, 1972（宇沢弘文解説「経済学の第二の危機」，『中央公論』1972年11月号，93頁）.
2） *Ibid.*（同上，91頁）.
3） J. K. Galbraith, *The New Industrial State*, Harmondsworth: Penguin, 1967（都留重人監訳『新しい産業国家』河出書房新社，1968年，21頁）.
4） K. Marx, *Das Kapital*, I, MEW, Bd. 23, S. 618（邦訳『資本論』第1巻第2分冊，大月書店，771-772頁）.
5） *Ebd*., III, MEW, Bd. 25, S. 838（邦訳，第3巻第2分冊，1063頁）.
6） 拙稿「経済学の技術化」（杉原・尾上・置塩編『経済像の歴史と現代』有斐閣，1970年）所収参照。
7） K. Marx, *Grundrisse der Kritik der politischen Ökonomie*, S. 175（高木幸二郎監訳『経済学批判要綱』第Ⅱ分冊，大月書店，185頁）.

8) K. Marx, *Das Kapital*, I, S. 92-93（邦訳，第1巻第1分冊，105-106頁）．
9) シンポジウム「経済学の現状評価と今後の方向」（『季刊 現代経済』第8号）177頁。富塚良三ほか編集『資本論体系7 地代・収入』（有斐閣，1984年）。

第7章　経済成長論の限界

第1節　経済成長と商品資本の循環

　公害，環境破壊，都市問題の激化等，これらは，高度経済成長の必然的結果であり，また著しい高度経済成長をもたらした要因でもあることはいうまでもないであろう。1960年代に入り，すさまじいばかりの公害等の激化に直面して，人々は経済成長政策や「GNP 至上主義」に疑問の目を向け始めだした。ところが，こうしたなかにあっても，一群の近代経済学者は成長理論の精緻化のためバランスドグロースの理論とか最適成長経路の理論とかの優雅な空論にふけっていたのである。

　最近になってようやく，たとえばロビンソン女史の1971年12月アメリカ経済学会での講演「経済学の第二の危機」にみられるように，近代経済学はその非現実的な空論に自己反省を迫られているのが現状である。あるいはまた，宇沢弘文氏は，「日本経済が現在直面する問題の多くは，結局，市場機構の効率的な運用と市場経済的指標の上昇を志向してきた高度成長政策が生みだしたものであるということができよう。そこで，このような問題に対して，これまでの近代経済学的方法が有効に適用できるのであろうか。この設問に対して，わたくしは懐疑的，否定的にならざるをえない」[1]と述べている。このように，経済成長ないし成長理論に対する近代経済学内部の自己批判がなされてはいる。

　本章は，近代経済学者の個々の経済成長理論を取り上げるというよりは，いわば原点にかえって，資本制的拡大再生産過程＝資本蓄積過程を経済成長という視角でとらえることの一面性，限界を明らかにすることを課題としている。経済成長論は近代経済学の主柱の一つであるから，経済成長の視角の限界を明らかにすることは，とりもなおさず，近代経済学派の理論的フレームワークそれ自体の限界を解明することにほかならないであろう。

経済成長というのは国民所得あるいは GNP の増大を意味することはいうまでもない。国民所得は社会的総生産物つまり総商品資本のうち新しく生産された価値（V＋M）に対応する生産物部分であり，いいかえれば総商品資本の一部たる価値生産物の総体である。

社会的総資本の拡大再生産過程の結果として社会の商品資本は価値的にも素材的にも増大していく。と同時に商品資本の一部である国民所得も価値的，素材的に増大していく。資本制的拡大再生産過程を商品資本の一部であるところの国民所得の増大過程としてとらえることは，資本の運動を商品資本の循環（W′―G′―W……P……W′）の視角でとらえることにほかならない。マルクスは，「循環 W′…W′（商品資本の循環――引用者）が一つの個別資本の形態として現われるのは，たとえば，収穫があるごとに計算が行なわれる農業の場合である。図式Ⅱ（生産資本の循環　P……W′―G―W……P ――引用者）では播種が，図式Ⅲ（商品資本の循環――引用者）では収穫が出発点になる。または，重農学派の言うところでは，前者では前貸〔avances〕が，後者では回収〔reprises〕が出発点になる」[2]と指摘しているが，農業のみならず全生産部門の収穫物から次期の収穫物へと，全収穫物の増大を計算する視角が経済成長の視角である。したがって，経済成長の視角は，商品資本の循環の視角にほかならない。この点の確認がきわめて重要であって，以下の議論はすべてここから出ているといってよいであろう。

拡大再生産の場合の商品資本の循環範式

$$W'\begin{cases}W\\w\end{cases}\text{---}G'\begin{cases}G\text{---}W\begin{matrix}P_m\\A\end{matrix}\\g\text{---}w\begin{matrix}p_m\\a\\(w)\end{matrix}\end{cases}\cdots\cdots P\cdots\cdots W''$$

商品資本の循環において商品資本は拡大再生産の場合 W′ から W″ へと価値的にも素材的にも増大していくのであるが，この過程を価値生産物＝国民所得の増大過程として「もの」の側面から生産物の量的増大過程として把握するのが，経済成長という視角なのである。このような，社会的総資本の拡大再生産過程を国民所得の増大としてのみとらえる経済成長の視角の限界な

り問題点を明らかにするために，商品資本の循環の視角の一面的性格と，国民所得概念の一面的性格とに分けて考察しよう。

第2節　商品資本循環の視角の一面的性格

　自己増殖する価値である資本は，その運動において貨幣資本，生産資本，商品資本の各形態をとっては脱ぎすてていく。この資本の運動を考察するとき，どの形態を出発点とみなすかによって，貨幣資本の循環（G—W……P……W′—G′――この循環こそが利潤追求の側面を端的にあらわしている），生産資本の循環，商品資本の循環の三つに区別することができる。この三つの区別は，マルクスの指摘するように「単に主観的な，ただ考察者にとって存在するだけの相違として現われるのである」[3]が，資本の現実の循環運動は，これら三つの循環の統一である。したがって，三つの循環のうちの一つである商品資本の循環のみを固定的に取り上げる経済成長という視角は，資本の運動を一面的にとらえるということにならざるをえない。

1　資本の運動の「もの」の運動への解消

　商品資本の循環の視角を「固定させれば，生産過程のすべての要素は，商品流通から出てくるように見え，ただ商品だけから成っているように見えるのである」[4]とマルクスは指摘している。商品資本の循環の視角では，資本の運動の総過程は，商品による商品の生産過程としてのみみなされ，資本制的拡大再生産過程は，たんに商品（「もの」）の量的増大過程に一面的に解消されてしまい，つまり生産力の増大過程としてのみとらえられることになる。ここでは，貨幣資本Gから出発して利潤を含むより大きな貨幣資本G′として回帰する個々の資本の循環の無数の絡み合いとしての面が無視され，資本関係の拡大再生産という面も，また独占資本の支配力の強化という面も「もの」の増大ということのかげに見失われる。

　いいかえるならば，商品資本の循環においては，経済成長をもたらす起動因が不問に付され，資本の運動の規定的動機たる利潤追求のための競争の結

果が国民所得の増大すなわち経済成長にほかならないことが見失われる。資本制下では社会的物質代謝過程が，資本制的生産関係に包摂されて，資本の自己増殖を目標とする個別資本間の競争をとおしてのみおこなわれるのであって，より高い利潤率を求める資本は，不変資本を可能なかぎり節約して，たとえば排出される有害物質の回収装置等への投資を節約してたれ流しするのは必然である。高度成長イコール公害の高度成長となるのは，高度成長なるものが資本制的高度成長だからである。こうした側面が無視されて，経済成長理論では，資本蓄積過程がたんに「もの」の増大過程として超歴史的に把握されているにすぎない。

　こうして，経済成長という視角は，生産関係を無視した生産力論的な傾向を帯びざるをえないのであって，資本制的な社会的物質代謝過程をたんなる超歴史的な社会的物質代謝過程にすり替えてしまうのである。このような視角の特質は，近代経済学の経済成長理論あるいは成長モデルに最も端的にあらわれている。経済成長論には景気変動論や雇用論が抜けているのである。

　経済成長理論の特色の一つは，なにが経済成長を引き起こす起因要因なのであるかについて一切触れていないことである。そもそも，国民所得（実質国民所得）の増大すなわち成長を規定するのは，実現の問題を捨象すれば，直接的には社会の総投下労働量の増大と労働生産性の上昇の二要因である。いま労働生産性を一定と前提すれば，総投下労働量の増大にともなって国民所得は価値的にも素材的にも増大する。また，労働生産性が上昇すれば，同一労働量当たりの生産物量が増大し，したがって国民所得は素材的に増大する。それゆえに，国民所得の素材量（実質国民所得）は，総投下労働量の増大と労働生産性の上昇との二要因によって複比例的に増大するのである。そして，これら二要因を規定するのは，可変資本と不変資本との蓄積，要するに資本蓄積である。経済成長（実質国民所得の増大）は結局のところ資本蓄積によって規定されるのであるが，資本制下では，この資本蓄積はより高い利潤を追求する資本の競争をとおして遂行される。「競争は各個の資本家に資本主義的生産様式の内在的な諸法則を外的な強制法則として押しつける。競争は資本家に自分の資本を維持するために絶えずそれを拡大することを強

制するのであり，また彼はただ累進的な蓄積によってのみそれを拡大することができるのである」[5] 超過利潤を求めての個別資本間の競争こそが，資本蓄積を遂行せしめ，競争の強制が個別資本家を資本蓄積にかりたてるのであって，この資本蓄積の結果がほかならぬ経済成長である。

さて，経済成長理論では，成長をもたらす要因あるいは投資をもたらす要因はどのように扱われているであろうか[6]。

ケインズ理論の短期性を批判して経済成長理論の創始者とされるハロッドやドーマーにおいては，成長率（保証成長率）G は，貯蓄率 s（国民所得に占める貯蓄の比率）と資本係数 C（ドーマーの式における産出係数の逆数）との比で示される $\left(G=\dfrac{s}{C}\right)$。ここでは，貯蓄率と資本係数とのいずれの要因が本質的でいずれの要因が非本質的ということもなく，各項目間の因果関係が示されることもなく，各項目が並列されているにすぎない。上式は GC＝s なる式から導かれ，そしてこの GC＝s の式は投資＝貯蓄という均等式の両辺を変形して導き出されたものである。つまり，$I=S \rightarrow \dfrac{I}{Y}=\dfrac{S}{Y} \rightarrow \dfrac{\Delta Y}{Y} \cdot \dfrac{I}{\Delta Y}=\dfrac{S}{Y} \rightarrow G \cdot C=s$。したがって，上式は，ロビンソン女史も指摘するように「著しく気の抜けた性質のトートロジー」[7] でしかない。

また，ソローの新古典派成長理論においては，たとえば国民所得 Y は資本 K（資本ストック量）と労働 N との関数として，つまり生産関数として表示されている。Y＝f（K．N）あるいは時間 t を考慮に入れて Y＝f（K．N．t）。ここにおいては，一応国民所得の素材量が総投下労働量によって規定される側面は N において，労働生産性によって規定される側面は K において表示されてはいる。しかし，ただそれだけにとどまる。技術進歩は時間 t を通じて産出量 Y に影響を与えるものと考えられているが，技術進歩を t の関数とするごときはまったく形式的なとらえ方といわねばなるまい。ここにおいても，何故に投資がおこなわれ，技術進歩がおこなわれるのか，つまり経済成長の起動因についてはまったく不問に付されている。

したがって，経済成長理論では経済成長の過程の内的法則性を把握することは不可能であり，経済成長をたんに「もの」＝国民所得の増大としてのみとらえ，この経済成長が利潤追求を規定的動機とする個別資本間の競争をとおしての資本主義的経済成長であることがまったく見失われている。「もの」の増大過程としてのみ社会的総資本の拡大再生産過程をとらえる成長理論では，資本関係の拡大再生産，資本の集中集積，環境破壊等という資本制的経済成長において必然的に生ずる諸現象はすべて背後に押しやられてしまい，超歴史的な生産力の増大の側面のみがとらえられるにすぎない。資本の蓄積過程を等質的で非歴史的な過程としてしかとらえない成長理論は，資本主義の成長理論としては失格といわねばならないだろう。

経済成長なり経済発展の過程を超歴史的な生産力の側面と歴史的形態規定の側面との統一（二重規定）において把握することをしない近代経済学の特質は，日本における経済発展の功罪を論じた稲田・宇沢両氏の次の所説によくあらわれている。やや長いがこれを引用しよう。

「われわれは経済発展のメカニズムについて，その可能性の有無と，それを実現する手段とについて論じてきた。そして，その発展の形態としては，国土も狭く，人口密度も高い国にとっては，いわゆる重化学工業化なしには大きな経済発展は望めないと論じてきた。しかしここでひるがえって考えてみると，果して重化学工業化による経済発展が望ましいものかどうかという疑問が生ずる。明治維新以来，日本はまず富国強兵策をとった。そのための重化学工業化にも着々成功していった。国民の教育水準もそれを成功させるに好都合な水準まで高められた。……ともかくそのようにして発展を続けた挙句が，戦争，戦争の連続であった。そのためどれだけ多くの国民が肉親を失うという人間にとっての最大の不幸を味わってきたことであろうか。第二次世界大戦の敗北で，いったんはこうした国策が決して国民の幸福につながらないことにめざめたかの如くに見えた。しかしこんどはエコノミック・アニマルと悪口をいわれるくらいに働き，しかもその間，公害にみるように，われわれ自身の住む自然環境を大きく破壊してまで，重化学工業化を推進し，いまやこの面からの不幸を味いつつある。こ

うみてくると，日本の場合，国民は重化学工業化によって果して幸福になったであろうか。この判定には価値判断が入るので，本書で追究する問題ではない。ただし，かりに日本の重化学工業化が国民の幸福増進という点で必ずしも成功でなかったとしても，また，かりに日本のとった教育政策が人間性を喪失するようなものであったとしても，そのことは現在の多くの低開発国が現状のままでよいということを意味しない。……日本の辿った発展については功罪があり，その評価については意見が分かれるが，少なくとも，日本の辿った道のうちで失敗であった部分を辿ることなく，成功とみられる部分だけ辿るような形での発展を志向することは当然あってしかるべきであるし，そうすべきであると信ずる。そしてそのために国によって重化学工業化が全く不要であるとは思えない。」[8]

この文章の歯切れの悪さは，両氏が事実の重み（戦争，公害等）に面して重化学工業化や経済発展の礼讃を単純に唱えられないところにある。両氏の所説は，資本制的重化学工業化あるいは資本制的経済発展を重化学工業化一般あるいは経済発展一般と同一視し，日本の経済発展の失敗の部分と成功の部分とを機械的に切り離して考えている。しかしながら，資本制的経済発展の特質は，この成功の部分（重化学工業化すなわち一般的には生産力の増大）と失敗の部分（戦争，公害等）とがまったく切り離し難く絡み合って一体となっているところにこそあるといわねばならない。

ともあれ，資本制下における経済成長から独自の資本主義的性格をはぎ取ってしまい，成長一般，生産一般へと超歴史的なものに還元してしまうところに成長理論の基本的欠陥があり，またこの点は，近代経済学一般に共通の性格でもある。

2　実現問題および貨幣・信用面の軽視

商品資本の循環の視角の一面的把握は「生産過程の諸要素のうち商品要素からは独立な要素を見落としているのである」[9]とマルクスは指摘している。つまり，資本制的拡大再生産過程は，素材的には社会的物質代謝の過程であると同時に他面では価値的な貨幣・信用的側面の拡大過程でもあるが，商品

資本循環の一面的性格のゆえに商品・実物の背後にある貨幣・信用的側面が見失われるのである。資本制的拡大再生産過程はたんに「もの」（商品資本）が増大（成長）するという過程ではないのであって，生産された商品資本は命がけの飛躍をおこなって実現されなければならない。このW—Gの過程が遂行されなければならないという基本的な点が経済成長の視角には見失われているのである。

　経済成長理論では実現問題がどのように扱われているか検討しよう。ハロッドの成長モデルは前述のように貯蓄＝投資の均等式から導きだされているが，ここでは貯蓄と投資の均等が均衡成長の条件であることが示されている。たしかに，社会的総資本の拡大再生産においては貨幣蓄積（W—G）をおこなう資本家群の一方的販売額と他方現実的蓄積（G—W）をおこなう資本家群の一方的購買額との一致が，全商品資本の実現のための必要条件ではある。ハロッドにおける貯蓄と投資とは，ほぼこの貨幣蓄積と現実的蓄積とに対応するであろう。しかしながら，この均等条件は，商品資本（C＋V＋M）の一部たるMのしかもそのうちの蓄積部分についてのみの実現条件にすぎない。ハロッドの成長モデルでは，社会的総資本の実現条件が，貯蓄＝投資として局部的にとらえられているにすぎないのである。しかも，貯蓄と投資の不一致が生ずる可能性を，両者は別個の経済主体が勝手におこなうことに，つまり個人の心理に求めている。

　同様のことは，ドーマーの成長モデルについてもあてはまる。ドーマーにおいては，投資の二重効果の理論に立脚して投資の需要効果と供給（生産力）効果とが結びつけられる。前者は投資乗数の理論にもとづいて $\frac{1}{a}\Delta I$ （a は限界貯蓄性向，ΔI は投資Iの増分），後者はIσ（σは新投資1単位ごとの生産能力をあらわす産出係数）で表示され，両者が $\frac{1}{a}\Delta I = I\sigma$ とおかれるところからドーマーの理論は展開される。これは，国民所得（あるいは最終生産物）の需要増加額と供給増加額との一致を意味する式である。この一致の条件も，社会的総資本の実現条件の一部でしかないのであって，素

材的補塡の視点は欠けている。実現条件は，全商品資本の価値的補塡と素材的補塡との統一でなければならないであろう。しかも，上式における両辺の不一致の可能性の根拠をドーマーは資本制的生産の矛盾に求めないで，供給側は投資の関数（$I\sigma$）であるのに対して他方の需要側は投資の増分の関数$\left(\dfrac{1}{a}\Delta I\right)$であるというまったく形式的差異に求めているのである。

　実現問題はこのくらいにして次に移ろう。経済成長の視角では，実物の動きだけを見ており，商品・実物の増加の背後にある貨幣・信用的側面が看過されることになる。たとえば，企業間信用の膨張の問題について考察しよう。各商品の出荷額の増加は国民所得の増大をもたらすのであるが，この商品出荷額の増加が商品の実現にもとづくものであれ，あるいは過剰生産のための企業間信用（商業信用）による押し込み販売にもとづくものであれ，いずれの場合も国民所得の増大を結果する。しかしながら，後者の場合には，商品出荷額したがって国民所得の増大と同時に，商品の実現困難のため決済条件が悪化し，手形の期間が延び企業間信用の異常な膨張が生ずる。企業間信用の異常な膨張という犠牲のうえに商品出荷額，国民所得＝実物の増大が達成されるわけである。ここでは，生産過剰は売上債権の累積という形態に転化されたのである。他方，企業間信用の異常な膨張は，個別資本にとっては売掛金の増加，資本回転率の低下，そして結局は利潤率の低下をもたらすであろう。経済成長という視角からは，国民所得＝実物の増大の背後にある債権債務関係，信用関係の変動は無視されるのであって，このことはこの視角の大きな限界である。昭和40年恐慌のさいにおける，ミクロ指標（利潤率等）とマクロ指標（国民所得あるいは生産指数）との乖離と呼ばれた事態は，このことを物語っている。

　また，上に述べた商業信用のみならず，過剰生産局面に入るや，銀行信用，中央銀行信用，公信用が膨張し，激烈な形態での恐慌が回避，緩和される。こうしたインフレーション政策によって急激な資本蓄積の中断をまぬがれ，結果として「もの」の増大＝高度成長が達成される。このことは一般に現実資本の伸びよりも貨幣資本（金融資産）の伸びが上回っていることに明白に

あらわれる。すなわち，「もの」の伸びよりも「かね」（債権債務関係）の伸びが上回るわけであって，こうした実体も経済成長の視角には入ってこないのである。

　債権債務の累積ということは，国民経済においてのみならず国際経済においてもあてはまる。IMF 体制下ではドルが国際通貨であり，基軸通貨国アメリカは，対外支払いを自国通貨ドルで決済可能なため，国際収支の赤字を顧慮することなくインフレーション政策によって激烈な恐慌を回避しつつ経済成長を達成してきた。つまり，アメリカは対外ドル債務を累積しつつ（ドルのたれ流し）経済成長を達成したのである。他方，アメリカに対して輸出を伸ばしてきた諸国（とくに日本，EC 諸国）は，国際通貨ドルと引き換えに商品の輸出を拡大させてきた。つまり，対米ドル債権を累積させつつ輸出増大したがって経済成長を遂行してきたのであって，対米ドル債権の累積なしには——アメリカの側からいえばドルのたれ流しなしには——戦後の資本主義諸国の高度成長は不可能だったといわねばならない（第3章参照）。このような視点は，経済成長の視角にはまったく欠如しているのである。

　対米ドル債権が文字どおり債権（金為替）である——ドルが国際的信用貨幣，国際的金債務証書である——ならば一応問題はない。ところが，1971年8月の金ドル交換停止は，ドルを不渡手形となし，外貨ドルの累積を紙片の山と化した。とくに日本の場合，このような紙片の累積の上に築かれた高度経済成長とはなんであろうか。国際収支の黒字分に相当する額の商品は，いわば無償で（紙片と引き換えに）海外に流出したのであり，これは日本の労働者の汗の結晶の一部が無償で海外に流出したことを意味する。そして，通貨当局の対外資産のうち外貨ドルの部分は，ドルの減価とともに評価損をこうむり，この損失は国庫納付金の減少となり結局は税金にはね返ってくるのであるが，これらのことは目に見えない（第2章参照）。以上のことは，「もの」の増大のかげに隠れているのであって，「もの」の動きしか見ない経済成長の視角の一面性は明白であろう。

　ところで，上述のような国際的なインフレ政策によって，第二次大戦後，資本主義諸国は恐慌を緩和して経済成長を維持してきたのであって，このこ

とこそが，近代経済学の成長理論が1955年頃以降完全雇用や生産設備の完全稼働を前提した成長経路の分析——安定性成長理論——の方向に転換した現実的背景である。ソローなどに代表される代替的生産函数と伸縮的な生産要素価格の仮定に立脚する新古典派の経済成長理論は，均衡成長経路の安定性を論ずるだけのものであり，景気変動論なき成長論なのである[10]。その意味では，ケインズ理論の動態化をめざし前述のように実現問題を局部的には考慮しているハロッド・ドーマー型の成長理論に比して，新古典派成長理論はいっそう退歩したものといえよう。

ともあれ，基本的には通貨の減価を代償としてのみ第二次大戦後の経済成長が達成されたのであり，このような成長の背後にひそむ実体は，いまや国際通貨危機というかたちでいやおうなく現実に暴露されたのであり，ケインズ主義的成長政策の必然的帰結が，国民経済ではインフレーション，国際経済では国際通貨危機としてあらわれたのである。経済成長理論がこのような資本蓄積の深部にある貨幣・信用関係を分析しえず，実物の表面的関係のみを追っているという致命的欠陥を有していることは，経済成長という視角の一面的性格の帰結というべきであろう。

第3節　国民所得概念の一面的性格

本節では，近代経済学の国民所得概念自体の問題（たとえばサービスの算入等）にはふれないでおこう。というのは，近代経済学の国民所得概念そのものの問題点よりもそれ以前の問題，すなわち，そもそも国民所得範疇を基礎として資本制的拡大再生産過程をとらえることそれ自体の問題点を明らかにしたいからである。

1　集計概念

社会的総資本の再生産と流通の分析にとっては，商品資本の循環が適合的な形態である。この総商品資本の一部分が国民所得にほかならないのであって，国民所得概念は社会的総資本の概念を前提している。つまり，近代経済

学流にいえば,ケインズ以前の経済学が微視的立場であるのに対して,ケインズ以後の経済学の中心概念たる国民所得概念は集計（巨視的）概念なのである。ところで,そもそも社会的総資本という概念は一種の抽象なのであって,この実体は互いに激しい競争関係をはらんだ諸々の個別資本である。したがって,社会的総資本というのは,私的個別資本間の競争,対立を捨象してはじめて成立する概念である。同様に,集計概念である国民所得概念においても,諸個別資本間の競争,対抗をはらんだ動的過程,競争の結果としての資本の集中,格差の拡大等の問題は視野に入らない。日本の近代経済学者が,かつて高度成長にともなって二重構造が解消するという単純にして幼稚な議論をしたのも,ここに由来するであろう。

2 没階級的概念

国民（経済）という概念は国民（経済）を構成している諸階級を捨象しているのとまったく同様に,国民所得概念も諸階級の対立矛盾の捨象のうえに成立している。国民所得は社会的総生産物の一部たる価値生産物（V+M）であるが,労働者階級が生産した生産物は,すべて生産手段の所有者たる資本家階級によって私的に所有され,労働者階級からは排除されている。そこで,この生産物のうちVに対応する生産物部分を,労働者階級はその労働力商品を販売して得た貨幣（賃銀）で,資本家階級の手から買い戻すのである。国民所得概念はこのような関係をすべて隠蔽し,国民所得が労働者と資本家との間に分配されるという仮象に立脚している。したがって,資本制的搾取関係を反映しないという点で,国民所得概念は没階級的な概念なのである。

経済成長とはとりもなおさず資本蓄積の過程にほかならないが,この資本蓄積の進展にともなって階級分化が進む。経済成長という客観的過程で生みだされるものは,階級対立の激化であるが,経済成長の視角には,この関係がまったく無視されることこそ決定的な点である。ロビンソン女史は,前述の講演「経済学の第二の危機」で,「成長がすべての問題を解決する,貧困問題を心配する必要はない,成長が底辺をひきあげ何ら注意を払うまでもな

く貧困は消滅する……もっと洞察力をもつべきはずの学者までも同じく世界の声に唱和しました。……成長によって主観的な貧困が克服できないばかりではなく，絶対的な意味での貧困もそれによって増加します。……社会上層で成長が続いてゆくと，ますます多くの家庭が底辺に放り出されてゆきます。富が増加してゆく間にも絶対的な意味での悲惨がふえてゆきます」[11]と述べている。経済成長の過程は資本蓄積（剰余価値の資本への転化）にほかならないことを理解しない経済成長理論では，成長（資本蓄積）とともにいろいろな形態での貧困もまた激化（貧困の蓄積）すること——マルクス経済学にとってはいわば自明のこと——が視野から脱落するのである。いいかえれば，格差問題や分配問題が無視されるのである。

3　国民経済概念

　資本制生産は世界市場を基礎とし範囲とするものであるが，この資本制的生産はいったん国家形態で総括され国民経済として編成され，それとともに資本制的生産における諸範疇も国民的規定性をうけとる。国民所得概念も同様で，これは国民経済的規模における集計概念である。資本の運動が国民経済の範囲内にとどまっているかぎりは，国民所得の動態が資本の運動の一部をともかく一応は反映しているといってよいであろう。しかしながら，帝国主義段階の資本主義の特質は資本の輸出にあり，とくに第二次大戦後は，海外で利潤を生産する資本の輸出すなわち海外で商品資本 W′ を生産する対外直接投資が支配的形態となっている。この在外子会社において生産された商品資本の一部たる価値生産物は，本国の国民所得額には算入されないのである。

　現在，世界企業（多国籍企業）の在外子会社の生産高は巨額に達し，たとえばアメリカ系の世界企業の在外子会社の生産する在外生産高は1970年に約2000億ドルに達し，この額は日本の GNP（2034億ドル，1970年）にほぼ匹敵し，西ドイツ（当時）のそれ（1871億ドル）を上回っている（『1972年版 世界経済白書』51頁）。

　国民所得額には海外で直接投資された資本によって生産された価値生産物が含まれていないのであるから，国民所得の変動なるものは本国および海外

で自己増殖する価値としての資本の運動を全面的に反映するものとはいえない。つまり，国民所得範疇を基礎とする経済成長の視角には，このような帝国主義的現象が脱落しているのである。なお，近代経済学者のひとりハイルブローナーは，近代経済学が今日の問題に対して現実とのかかわり合いを欠いていると指摘し，その一例として，帝国主義と呼ばれる現象に対する関心が欠如していることをあげている[12]。

4　市場経済妥当の概念

国民所得にはあらゆる種類の商品が含まれ算入されているが，このことは国民所得概念の規定からいって当然のことである。また逆にいえば，市場で取引されない，つまり商品でないもの（たとえば，自然環境としての大気，河川，土壌等）はいっさい国民所得に含まれないし考慮されないことも当然のことである。都留重人氏の表現を借りると，国民所得は交換経済妥当の概念なのである[13]。

いま，国民所得（価値生産物）を構成する商品をその使用形態によって区分すると次のようになるであろう（サービスの問題は捨象しよう）。①生産的に消費される生産手段，②労働者および資本家によって個人的あるいは共同的に消費される生産物，③奢侈品，④流通費用を構成する生産物（私的所有に立脚する商品生産社会に固有の空費であって，商業，金融等流通部門で使用される生産物，広告宣伝に関する生産物等），⑤国家機構の維持のために使用される生産物（軍需品，官庁の建物等）。

国民所得はこれらの生産物の純生産物部分であって，これらのうちのいずれの生産物が増大しても国民所得は増大するということになる。現代資本主義においては，不生産的支出たる③〜⑤の生産部門が肥大化し膨張して，いわゆる「ムダの制度化」の現象が顕著である。とくに問題は軍需品であって，ケインズ主義的成長政策こそは，産軍複合体を生みだした一要因であって，ロビンソン女史も前述の講演で，「歴代の大統領に財政赤字は害はないということを説得して，軍事産業複合体が利用するがままに放置しておいたのはいわゆるケインズ学派の人々です」[14]と指摘している。

なお，ついでに付言しておくと，ある生産物の生産過程は同時に他の生産物（生産手段）の生産的消費の過程なのであって，生産物の増大＝国民所得の増大はとりもなおさず生産的消費の増大にほかならない。この生産的消費の過程が資本の運動に包摂されて目先の利潤のためにおこなわれる資本制的成長の進展は，当然自然の破壊，資源の浪費を引き起こすことになる。

　要するに，国民所得の大きさは，社会的物質代謝の大きさ，生産力の大きさの指標にすぎないのであって，生産力を構成する生産物の内容——バターかミサイルか——はいっさい問われない。したがって，経済成長とは生産力の増大ということ以外のなにものをも意味しないのである。そして，経済成長論を一つの主柱とする近代経済学は，もっぱら経済成長＝生産力の増大を追求する「人間不在の社会工学的技術そのものになってしまったのである」[15]。

　以上，第2節と第3節で検討したように，社会的総資本の拡大再生産過程を，国民所得の増大過程としてたんなる生産物量の量的増大過程として把握する経済成長の視角は，きわめて一面的であり，資本の運動を包括的にとらえるものとはいえないのである。

第4節　成長抑制論

　資本主義世界をおおう公害による環境汚染の進行，天然資源の枯渇，都市問題の激化等の諸問題に直面して，人類の危機論，地球破局論，終末論が叫ばれている。そして，これらの危機的状況は従来の経済成長の産物であるとして，経済成長そのものを抑制すべきだとするいわゆる成長ゼロ主義が主張されている。ローマ・クラブのリポートやEC委員長（当時）マンスホルトの成長ゼロの哲学等がその代表例であろう。

1　ローマ・クラブのリポート

　1972年に公表されたローマ・クラブのリポート『成長の限界』では，システム・ダイナミクスの手法にもとづいて，世界の人口，工業生産，資源，環

境汚染，食糧の5項目の将来の傾向を分析して，次のような結論を導きだしている。①世界の人口，工業生産は幾何級数的に増大するが，他方，成長阻止要因としての天然資源の枯渇，環境汚染，食糧不足も幾何級数的に進行する。②この五つの要因の進行は無限であるが，地球は有限であるから，現在の傾向がこのまま続くならば，今後100年以内に世界の人口と工業生産の成長は確実に停止し，人類は破局に直面する。③人類の破局を回避するためには，できるだけ早いうちに，人口の成長と経済成長を減速し，成長ゼロの均衡状態に達しなければならない。④均衡状態とは，資本設備と人口の規模は一定の状態，つまり，出生率は死亡率に等しく，資本の投資率は減耗率に等しい状態である。

　ローマ・クラブのリポートは，上記の危機的現象の生起する根本的原因をなんら分析しないで，経済成長それ自体を悪玉に仕立て上げ，経済成長の減速そして均衡状態——われわれの言葉でいうと単純再生産にほかならない——の存続を主張しているのである。われわれは，上記の危機的現象の生ずる究極の根拠は資本制的経済成長すなわち資本蓄積にあると考えるが，この点について，以下考察し，あわせてローマ・クラブのリポートの人類の危機論を検討しよう。ここでローマ・クラブのリポートを取り上げるのは，これを批判することによって，近代経済学派の経済成長論の基本性格がより鮮明になると考えるからである。

2　「人類の危機」論

　資本制的拡大再生産過程は，いうまでもなく，利潤を求めての個別資本間の激烈な競争をとおしておこなわれる。この競争はより高い利潤率を追求する競争であり，個別資本にとっては外的強制としてあらわれる。利潤率はさしあたり $\dfrac{M}{C+V} = \dfrac{m'V}{C+V}$ であらわされるが（m' は剰余価値率），資本の回転率の問題を入れると，年利潤率 p' は一般に次の式で表示される。

$$p' = n \cdot \dfrac{m'V}{C+V} \quad （n は回転率）$$

年利潤率を高めることが個別資本の唯一の目標であるが，年利潤率を高める基本的要因は，第1に剰余価値あるいは剰余価値率を大ならしめること，第2に資本の回転率を高めること，第3に充用不変資本を節約することである。なお，第4として，不変資本の一要素たる原材料の価格の低下ないしは安定の要因もあげておこう。以下，各要因について考察していく。

（1）剰余価値あるいは剰余価値率の増大，直接には労働時間の延長

資本主義的生産では，絶対的および相対的剰余価値の生産が遂行されるのであるが，この剰余価値の追求には限度というものはない。たんなる生産物の生産の場合には，「胃の腑」を満たせばよいのであって，生産の増大にはおのずから限度がある。ここでは，生産の目的は使用価値にある。しかしながら，これに対して，資本制的商品生産の場合，資本の運動 $G……G'$ の目的は価値の自己増殖であって，運動自体が自己目的であり，資本の運動にはもうこれでよいというような限度は存在しない。無限の価値増殖運動が資本の本性であって，このため，資本はあらゆる手段を動員して商品の市場自体を拡大し浪費をつくりだしていく。耐久消費財の耐久期間の人為的短縮化，製品陳腐化宣伝等々。さらには，最大の浪費である軍需品生産。そしてまた，無限に利潤を追求する資本制生産は必然的に大量生産，大量販売，大量消費，大量廃棄へと突き進む。とくに食品生産をおこなう資本は，強い規制がないかぎり，食品に防腐剤を混入して，ますます広範な市場に向かっていく。ここに人間の肉体を徐々に蝕む食品公害が生ずるのである。

各個別資本が，競争の強制にさらされつつこのような資本制生産をおこなっているのであるから，国際的視野に立って資源問題を考慮するという余地はまったく存在しない。個別資本の視野にあるのは，目先の利潤のみである。この無限の価値増殖という資本の運動こそ，資源枯渇現象，廃棄物（ゴミ）公害等の深部に横たわっているものである。

すでに100年前マルクスは次のように述べている。「資本主義的生産の全精神が直接眼前の金もうけに向けられているということ，このようなことは，互いにつながっている何代もの人間の恒常的な生活条件の全体をまかなわなければならない農業とは矛盾している。その適切な一例は森林であって，森

林は，ただ，それが私的所有ではなくて国家管理のもとにおかれている場合にだけいくらかは全体の利益に適合するように管理されることもあるのである」[17]（傍点引用者）。この指摘は，農林業のみならず，漁業，鉱業にもそのまま妥当するのであって，現代は「その適切な一例」に事欠かないのである。

（2）資本の回転率の上昇

資本の回転期間が短縮すれば，同一期間内において同一量の投下資本がより多く回転し，したがって，同一期間内により多くの資本が生産過程に投下されて，より多くの剰余価値が生産され年利潤率は高まる。資本の回転期間は生産期間と流通期間とからなっているから，生産期間の短縮と流通期間の短縮とが，資本の追求するところとなる。

生産期間の短縮の一例は，原料の有機物から無機物への転換によるものである。マルクスはコールタールからアリザリン染料を製造する例をあげている。かつてはこの染料の原料を茜草に求めていたが，この茜草の栽培には1年を要し，さらに数年間その根を発育させてから染料をとった。いまやこの有機物の代わりに無機物コールタールを原料として使用することで生産期間は数週間に短縮されたのである。この例にみられるように，生産期間の短縮のため，一般に原料を農林水産業の産物から化学製品へ転換することが推し進められ，これが化学工業の発展を促進せしめたのである。この化学工業の発展こそが，資本制下では環境汚染をもたらす一要因となっていることはいうまでもない。生産期間の短縮は，生物が商品化するまでの期間を人為的に縮小することによってもおこなわれる。食肉がその例であって，生育促進物質あるいは抗生物質等の摂取が，食品公害を引き起こすのである。つまり，自然の生産期間を人工的に縮小することから生じるのである。

次に，資本の流通期間の短縮は，とくに交通機関の発達によってもたらされるのであって，ジャンボジェットや新幹線や超音速機が，流通期間を短縮し資本にとっては流通費を節約せしめる。交通機関の大型化・高速化はとどまるところを知らないが，これは，資本の流通期間の短縮には限度がないことの反映である。したがって，交通機関に本来要求される安全性を無視してまで大型化・高速化が遂行されがちである。この交通機関の大型化・高速化

は，けっして消費者（人間）の要求なのではなく，資本の要求なのである。そして，この大型・高速交通機関が大気を汚染し騒音公害をふりまく元凶となっている。

（3）不変資本の節約

利潤率を高める主要な方法はいうまでもなく投下される不変資本の節約であるが，資本制下で最も節約されるのは，通常，労働保安設備と公害防止設備である。これらの費用は，利潤追求を目的とする資本にとっては空費であって，この空費を節約すればするほど利潤率は高まる。ここに労働災害の頻発，公害激化の根本原因があるのであって，労働災害と公害とはともに資本の本性そのものから生ずる現象であるといわねばならない。

（4）原料価格の安定

資本制生産はより高い利潤のため，あるいは利潤計算上，原料価格の安定ないしは低下を求める。このことは，必然的に原料を農林水産物から化学工業の産物（現代ではとくに石油化学製品）へと転換せしめる。農林水産物は，概して，労働生産性上昇率が低いため価格が相対的に高く，しかも自然的気候条件の変動によって生産量そのものの著しい変動および価格の著しい変動を避け難い。これら農林水産物の特性は，資本の運動の本性と相反するのであって，このため，資本の支配下では，原料が，有機的自然物（天然繊維，木材等）から無機的物質に転換する傾向が貫く。すなわち，自然界の循環過程に組み入れられる有機物ではなくて，自然界の循環から排除される物質が原材料となる傾向は避け難いのである。プラスチック製品はこの典型であろう。そしてこの資本の論理にこそ，環境汚染，廃棄物公害等の発生の究極の根拠がある。

（5）可変資本の節約

非正規労働者の雇用，派遣労働者の雇用がその最たるものだ。これが，ワーキングプアや過労死の究極の原因である。

ローマ・クラブのリポートには，たとえば，環境汚染の発生は，人口，工業化ならびに特定の技術進歩の複雑な関数であると述べている[18]。ここでは，人口，工業化，技術進歩はいずれも，資本制的生産関係とは無関係に，それ

ぞれ人口一般，工業化一般，技術進歩一般としてしかとらえられていない。また，このリポートは，技術進歩についてのリポートの著者たちの立場を最もよく要約しているものとして，次のモットーを引用している。「進歩に盲目的に反対するのではなく，盲目的な進歩に反対する」[19]。ところで，盲目的な技術進歩とはなにか。これこそ，自然成長的な無政府的な，要するに価値法則に支配された資本制的技術進歩にほかならないであろう。技術進歩の資本制的形態を本源的形態と同一視しているところに，ローマ・クラブのリポートの基本的誤りがある。

さらに，もうひとつ指摘しておかなければならないのは，資本制的経済成長は土地の私的所有（自然力の排他的独占）という条件下においておこなわれるということである。土地の私的所有のもとでは，都市への人口の集中，交通機関や土地付帯設備の発展とがあるかぎり，住宅用の限界地はますます遠ざかり都市の建築地地代は騰貴し続け，地代の上昇は，土地価格および家賃をますます上昇せしめる。現在の都市問題（住宅難，交通地獄，日照権，ゴミ処理問題等）の基礎に横たわっているのは，まさにこの土地の私的所有なのであり，都市問題の激化をもたらしたのは，経済成長そのものではなく，土地の私的所有という社会関係のもとでの資本制的経済成長なのである。

なお，土地の私的所有にかんするマルクスの次の指摘は洞察に富むものである。「より高度な経済的社会構成体の立場からみれば，地球にたいする個々人の私有は，ちょうど一人の人間のもう一人の人間にたいする私有のように，ばかげたものとして現われるであろう。一つの社会全体でさえも，一つの国でさえも，じつにすべての同時代の社会をいっしょにしたものでさえも，土地の所有者ではないのである。それらはただ土地の占有者であり土地の用益者であるだけであって，それらは，よき家父として，土地を改良して次の世代に伝えなければならないのである」[20]。土地をも含めたいっさいの生産手段を社会的共同所有に移して，これらを私的利潤追求の資本の運動から解放することによってのみ，人類は自然との物質代謝を意識的合理的におこなうことができ，人間が社会の真の主人公となることができよう。

以上，人類の危機と呼ばれる諸現象の発生する根拠は，すべて，目先の利

潤のみを求める資本制的生産様式と土地の私的所有とに，総じて生産関係にあることが明らかであろう。しかも，現代の国家独占資本主義下では，資本蓄積をバックアップすることに一方的に偏した財政・金融政策によって，上記の資本制生産の諸傾向はよりいっそう加速化され，矛盾が激化している。

ローマ・クラブのリポートは，人口と資本とが一定に保たれる均衡状態が望ましいと主張し，この均衡状態における技術進歩に関して次のように述べている。「新しい発明にかんする人類の長い歴史において，発明によってもたらされた生産性の向上は人口と資本の成長に吸収されてしまい，その結果発明は，混雑と環境の悪化，社会的不平等の増大をもたらした。生産性の向上を，生活水準の向上，余暇の増大，すべての人々の環境の快適性の向上などの目標に結びつけることができないという理由はない。そのためには，社会の第一義的な価値を，成長からこうした目標へきりかえることが必要である」[21]。この趣旨にはまったく賛成である。生産性の向上は，けっしてそれ自体が目的なのではなく，労働時間の短縮，個人の創造的な活動にあてる自由な時間の増大のための手段でなければならないであろう。真の豊かさとは国民所得の大きさで測られるものではなく自由時間の長さであらわされるものである。しかし，問題は資本主義的生産様式の条件下でこのことは可能であろうか。答は否である。資本制下では，生産性の向上や技術進歩は，超過利潤獲得のための手段でしかない。資本主義社会の「第一義的な価値」は利潤なのであって，その「第一義的な価値」が生活水準の向上等になったときは，もはや資本主義が資本主義でなくなったときであろう。資本ではなく人間が真に社会の主人公になり，人間が自然の加工つまり生産を計画的，意識的に管理することができる社会においてのみ，生産性の向上が人間のためのものになるであろう。

マルクスは新社会における必要労働部分（必要生産物）と剰余労働部分（剰余生産物）の量的関係について次のように述べている。

必要生産物を「一方では社会の現存生産力が（つまり現実に社会的な労働としての彼自身の労働の社会的生産力が）許容し，他方では個性の十分

な発展が必要とする消費範囲までそれを拡張するとしよう。さらに，剰余労働と剰余生産物を，社会の与えられた生産条件のもとで一方では保険・予備財源の形成のため必要な，他方では社会的欲望によって規定された程度での再生産の不断の拡張のために必要な限度まで縮小するとしよう。……」[22]（傍点引用者）

資本制のもとでは，剰余価値率の上昇が追求され，必要労働部分（賃銀）は極力縮小され，他方剰余労働部分（剰余価値）は資本の増殖欲に規定されて極力拡大される傾向が貫く。

これに対して，新社会では，必要労働部分は人間の全人的個性の身体的・文化的発展の必要とする消費範囲まで拡大し，逆に，剰余労働部分は，資本の増殖欲によって規定されるのではなく，人間の社会的欲望——人間を主体とし，人間生活にとって適切な範囲の——によって規定される程度での蓄積のために必要な範囲に縮小する。剰余価値のうち蓄積部分は，資本の欲望ではなく，人間の人間的欲望の範囲に限定される。新社会は，無制限的な無政府的な蓄積の拡大，生産力の上昇とは無縁なのであって，あくまでも人間が主人公であって，人間にとって不利な環境破壊をもたらすような蓄積や生産力の上昇を制限する。

資本制下では，資本の利潤率が生産の拡張や限度を決定するのに対し，新社会では社会的に発達した人間の欲望が，生産の拡張の程度を決定する。新社会は生産力の発展それ自体を至上命令とするものではなく，新社会では生産は資本や利潤によってコントロールされるのではなく，人間によってコントロールされる——たとえば自然資源の状況や生態系に注意しながら——のである。これが生産力についてのマルクスの基本的考えである。

ローマ・クラブのリポートのいう「人類の危機」なるものは，人類一般の危機なのではなく，資本制的生産の危機なのであり，また，このような危機的現象の発生原因は，経済成長一般にではなく，すでに明らかにしたように資本制的経済成長にある。

このようにみてくると，成長抑制論や成長ゼロ主義もまた成長至上主義と同様に，その資本主義的形態規定を抹殺している点においてまったく相似し

ているといえよう．成長主義は容易に成長抑制論に移り，バラ色の未来論はいとも簡単に終末論へ転化するのは，これらはすべて，同じものの表と裏にすぎないからである．つまり，これらは生産関係を無視していることにおいて同じものなのであり，したがって資本主義体制を免罪する点において同罪であり，同じイデオロギーの異なった表現形態でしかないのである．

注
1） 宇沢弘文「新古典派経済学を超えて」（『季刊 現代経済』第1号）23頁．
2） K. Marx, *Das Kapital*, II, MEW, Bd. 24, S. 102（邦訳『資本論』第2巻，大月書店，122頁）．
3） *Ebd.*, S. 105（同上，125頁）．
4） *Ebd.*, S. 103（同上，123頁）．
5） *Ebd.*, I, MEW, Bd. 23, S. 618（邦訳，第1巻第2分冊，772頁）．
6） ハロッドやドーマーの成長率理論に対する批判の詳細は，拙著『再生産と国民所得の理論』（評論社，1968年）第7章を参照．
7） Joan V. Robinson, *Essays in the Theory of Economic Growth*, London: Macmillan, 1956（山田克己訳『経済成長論』東洋経済新報社，1967年，126頁）．
8） 稲田献一・宇沢弘文『経済発展と変動』（岩波書店，1972年）105-106頁．
9） K. Marx, *a. a. O.*, II, S. 103（邦訳，第2巻，123頁）．
10） 新古典派成長理論に対する批判としては，置塩信雄「新古典派成長論批判」（『経済評論』1965年4月号）および同「新古典派成長論の検討」（『国民経済雑誌』第129巻第2号）参照．
11） Joan V. Robinson, "The Second Crisis of Economic Theory", *American Economic Review*, 62, 1972（宇沢弘文解説「経済学の第二の危機」，『中央公論』1972年11月号，90-91頁）．
12） R. L. ハイルブローナー「新しい政治経済学の可能性」（『季刊 現代経済』第8号）193頁．
13） 都留重人『国民所得と再生産』（有斐閣，1951年）65頁．
14） Joan V. Robinson, "The Second Crisis of Economic Theory"（前掲訳，90頁）．
15） 山口正之「現代の革新と新文化の創造」（『講座・現代日本資本主義4 イデオロギー』（青木書店，1973年）348頁．
16） D. H. Meadows, *et al., Limits to Growth*, New York: Universe Books, 1972（大来佐武郎監訳『成長の限界――ローマ・クラブ「人類の危機」レポート――』ダイヤモンド社，1972年，134-135頁）．

17) K. Marx, *a. a. O.*, III, MEW, Bd. 25, S. 631（邦訳，第3巻第2分冊，798頁）.
18) D. H. Meadows, *et al., op. cit.*（前掲訳，69頁）.
19) *Ibid.*（同上，137頁）.
20) K. Marx, *a. a. O.*, III, S. 784（邦訳，第3巻第2分冊，995頁）.
21) D. H. Meadows, *et al., op. cit.*（前掲訳，162頁）.
22) K. Marx, *a. a. O.*, III, S. 889（邦訳，第3巻第2分冊，1127頁）.

補記
● 都留重人『市場には心がない』（岩波書店，2006年）参照。

第8章　ケインズの管理通貨論

　国民経済においては持続的な物価騰貴，国際経済においては慢性的な国際通貨危機，この両者は現代資本主義の病ともいうべきものであって，近代経済学の試金石ともなっている。これらの病は，現代の管理通貨制度下において生じ，また管理通貨制度と密接にかかわるものであることはいうまでもない。

　管理通貨論の原型はケインズの理論であって，現在の国際通貨危機に関する近代経済学の諸理論はケインズにその原型を求めることができる。たとえば，トリフィンの提案している新国際通貨機関，世界中央銀行案なるものも，その内容はケインズのものと基本的に一致している。とくにケインズの『貨幣改革論』(1923年) は，管理通貨論のいわば原典であって，管理通貨論の基本問題はほとんどこの著にもられている。また，ケインズの国際通貨制度に関する所説は，『貨幣改革論』に続いて，『貨幣論』(1930年)，『繁栄への道』(1933年) を経て，いわゆるケインズ案と呼ばれる『国際清算同盟案』(1943年) に展開されている。

　本章では，管理通貨論の原典たるケインズの所説を中心に考察する。まず，『貨幣改革論』を取り上げ，管理通貨論の主要論点について国内的側面と国際的側面とに分けて検討しよう。次いで，国際通貨制度に関しては，さらに『貨幣論』，『国際清算同盟案』についても検討したい。また，それぞれの箇所において，関連のある現代の管理通貨の諸問題（基本的にはインフレーションと国際通貨危機）についても言及する。

第1節　管理通貨論（国内的側面）
　　　——インフレーション——

1　『貨幣改革論』における国内均衡論

　ケインズは管理通貨の特質を第一次大戦以前の金本位制との比較において

明らかにしている。金本位制では、国内均衡すなわち物価の安定よりも国際均衡すなわち為替の安定を求めたが、ケインズは、為替の安定よりも物価安定の重要性を強調する。為替の安定は、外国貿易に従事する人々の能率と繁栄に資するにすぎないが、他方、物価の安定は、社会の富の分配の点からより重要である。

そして、ケインズは物価変動つまりインフレとデフレの両者の比較考察をおこなう。「インフレーションは、とくに投資家階級にとって不公平であるので、貯蓄にとって好ましからざる影響をもつ。物価下落の原因となるデフレーションは、損失回避のため企業者の生産制限を導き、労働と企業にとって貧困化を意味する。したがって雇用にとっては災厄となる」[1]。しかし、デフレーションのほうが悪い。なぜなら、金利生活者を失望させるよりも、失業を生ずるほうが悪いからである。また、「インフレーションは、国債の負担を軽減し、企業を刺戟するなど、若干のとりえもあるが、デフレーションから得るものは何もない」(p. 149, 264頁)。

こうして、物価および雇用の安定を最も重要なものと考え、国内物価の安定と外国為替の安定とが両立しない場合には、国内物価の安定すなわち国内均衡を優先すべきであると提案する。

管理通貨制度の第一の目的たる国内均衡とは物価水準の安定のことにほかならないが、物価水準に関するケインズの理論は、貨幣数量説に立脚している。貨幣数量説は基礎的なものであって「事実に適合するものであることには問題がない」(p. 74, 218頁) と強調している。貨幣数量説は、貨幣それ自体はその交換価値に由来するもの、すなわち、それによって購入しうるものの効用以外の価値をもたないという事実から出発している。国民が通常所有する紙幣の量は、それを所有したり持ち歩いたりするのが便利とされる購買力の量によって決まる。この購買力の量は、国民の富と習慣に変化がなければ、確実に不変である。この購買力の一定量を、彼らの消費、あるいは他の支出対象の標準的な物品の特定量の集合、たとえば、生計費指数のために結合される物品の種類と量などによって計測できる。この単位を消費単位 (consumption unit) と呼び、実業界を含む国民が k 消費単位を購入しうる購買力

を持つ貨幣量を所有し，当座勘定を k′，現金量を n，各消費単位の価格を p，銀行の支払準備率を r とすると，次の式を得る。

$$n = p\,(k + rk')$$

　この式で，k, k′, r が不変ならば，p は n に正比例して変動する。しかし，実際の経験では，n の変化は k, k′ および r に影響を及ぼしやすいため，n はこれら諸変数を相殺的にあるいは助長的に変化させて，p を正比例的に変動させないのである。したがって，国内物価 p の安定は n, r, k, k′ の諸変数の変動に依存する。このうち，n と r とは中央銀行当局の直接管理のもとにあるが，k と k′ は直接管理することは不可能であって国民と実業界の心理状態に依存する。長期的にかつ循環的変動を起こさないように物価を安定させるには，k と k′ とを安定させることが必要であり，これがうまくゆかない場合には，k と k′ の動きを相殺するように n と r を意図的に動かすことが必要であり，結局，物価の安定には，n と r を調整，管理することが必要なのである。

　以上の分析にもとづいて，ケインズは次のようにいう。「中央銀行政策の第一の義務は，n と r を十分な管理下におくことである」(p. 85, 224頁)。当時のイギリスでは，r は中央銀行制度によってきわめて完全に管理されていたが，n は金本位制度下にあっては中央銀行の金準備量に拘束されるから，政策当局によって管理できない。しかしながら，不換制下においては，政策当局は n を管理することが可能となる。

　ついで，ケインズは n と r を管理する具体的操作について述べる。イギリスの場合，国内物価水準は銀行（主として5大銀行）の創出する信用量によって規定される。「大衆の実質残高の増大する不況期には，一定の物価水準を維持するためには，実質残高の減少する好況期に比べて，一層多量の信用を創造しなければならない」(p. 178, 280頁)。信用量は預金に対する支払準備金（手許現金在高プラスイングランド銀行預金）の比率つまり支払準備率に依存している。そして信用量を規制する現金形態の支払準備金の量を変化させる要因は，ⓐ一般大衆の現金需要の増減，ⓑ大蔵省の政府紙幣発行準

備からの借入の増減，ⓒイングランド銀行の資産の増減，ⓓ市銀の第二線支払準備たる大蔵省証券所有高の増減である。このうちⓐとⓑはⓒとⓓを通じて市銀の支払準備に影響するから，物価水準の主要決定要因はⓒとⓓである。ⓒのイングランド銀行の資産は，政府への貸付金，公債その他の証券に対する投資，顧客に対する貸付金および為替手形割引，および金とからなる。これらの資産の増減が，市銀の現金準備および信用創造量に影響して物価水準を規制する。次に，市銀の大蔵省証券所有高は，大蔵省の支出が，ⓐ租税収入および公債，ⓑイングランド銀行からの借入金，ⓒ政府紙幣発行準備からの政府借入を超過する額である。

したがって，市銀の信用創造限度は，主としてイングランド銀行と大蔵省の政策によって規定される。ここで明らかなように，ケインズの管理通貨制度とは，直接現金量の調節を意図するものではなく，信用量の調節管理を意図するものなのである。

銀行券発行量の調整の問題が次に考察されている。兌換が停止されているから，金貨流通の必要はなく，金準備率を銀行割引率の基準とする必要もない。金の唯一の用途は，一時的な国際収支の逆調要因を是正して，為替相場の日々の安定を維持する手段としてである。このため，すべての金準備を通貨当局の手に集中し，金準備を銀行券発行から完全に分離すべきである。銀行券発行高は，貿易と雇用の状態，銀行割引率政策，大蔵省債権政策に依存するが，この管理通貨制度の目的は貿易，物価，雇用の安定であって，割引政策および大蔵省債券政策によっておこなわれる。

これまで述べたところから明らかなように，ケインズの提案は，ⓐ金の通貨当局（イングランド銀行）への集中，ⓑ金準備と銀行券との関連の切断すなわち銀行券の不換化，ⓒ金を為替相場の短期的変動の阻止手段として用いることである。

要するに，管理通貨制度とは，国内的側面に限定していうと，その目的は物価の安定であり，そのための管理の対象は信用量であり，この信用量管理の手段は銀行券の兌換停止を前提とした信用政策（金利政策，借入政策等）であるということができよう。

以上，管理通貨論の原典である『貨幣改革論』における国内的側面に関する主要論点について説明したが，以下の各節でこれらを批判検討していこう。

2 管理通貨制度の目的としての物価安定（国内均衡）

ケインズの提案する管理通貨制度の目的は物価の安定にあるが，ケインズのいう物価安定とは，そしてそもそも物価とはなにを意味しているのであろうか。

ケインズは「貨幣価値の変化，すなわち物価水準の変化」(p. 1, 178頁）と述べていることからも明らかなように，貨幣価値の変動を物価水準の変化そのものとみなしている。また，貨幣の価値はそれにより購入しうるものの効用であると指摘していることから示されるように，貨幣の価値とは要するに貨幣の購買力以外のなにものをも意味しないのである。すなわち，ケインズのいう貨幣価値とは，現実の物価水準の変動によって相対的に表現される貨幣の相対的価値のことにほかならないのであって，通貨の代表金量の意味ではないことに留意すべきである。本来，貨幣の価値とは，①貨幣商品たる金そのものの価値，②価格標準すなわち貨幣の代表金量，③商品価格の変動の反映としての貨幣の相対的価値の三つに区分されるのであるが，ケインズにあってはこのような把握は欠如しており，もっぱら③の意味においてのみとらえられている。

ところで，物価の変動というのは，諸商品の価格変動を総括的にとらえたものであるが，商品の価格の変動は各種の要因の変化の複合である。すなわち，(1)商品自体の価値の変化（商品生産における労働生産性の変化に起因する），(2)貨幣商品金自体の価値の変化（産金業の労働生産性の変化によって規定される），(3)価格標準の変化（貨幣一単位の代表金量の変化），(4)商品の需給関係の変化（好況による価格騰貴，不況による価格下落あるいは市場独占による独占価格の設定等）。

商品の価格は上記四要因の複合によって変動するのであるから，物価の安定というとき，どの要因にもとづく物価の変動であるかを明確に把握されていなければならない[2]。ケインズのいう物価の安定とは，物価の騰貴でなく

下落を阻止するのに力点がおかれており，前述のようにインフレ（たんなる物価騰貴の意味）とデフレを比較して，デフレの回避に努めるべきことを強調している。近代経済学においては一般に価格変動を規定する四要因の区別は無視されるのであるが，ケインズのいうデフレとは，過剰生産恐慌にもとづく物価下落のことである。すなわち，前記(4)の要因による物価の全般的低落のことである。このような性格の物価下落の回避つまり物価安定というのは，需給関係にもとづく物価の実質的低落の阻止を目標とすることにほかならず，物価安定という管理通貨制度の目的は，主に過剰生産恐慌に起因する物価下落を回避することにあるといえよう。

そして，ケインズのいう「国内均衡」とは，信用膨張にもとづくインフレ政策による恐慌の緩和を意味するのである。したがって，物価の安定とは物価指数の逆数としての貨幣価値の安定であって，通貨の代表金量の安定ではないことに留意すべきであり，むしろ通貨の代表金量の低下——インフレーション——を意味するのである。

なお，ケインズは物価安定のほかに雇用の安定も目標の一つにあげているが，雇用の安定（失業の減少）とは恐慌の緩和による物価安定の結果にすぎない。資本にとっては，適度の失業者の存在は賃銀の上昇を阻止する意味でむしろ望ましい。資本にとっては，生産された剰余価値のすべてが実現されることが目標であって，完全雇用が目的なのではない。一般によく完全雇用を目標としてインフレ政策がなされるといわれるが，インフレ政策の本音は，インフレーションによる恐慌——利潤率の急激な低落——の緩和にある。管理通貨制度の第一の目的は，なによりも恐慌の緩和であり，この点で，ケインズの理論は資本の願望を正確に反映したものであると評価できよう。

資本主義的生産においては，その無政府的生産という基本性格のゆえに，過剰生産恐慌は不可避である。資本主義の基本的性格をそのままにしておいて，恐慌にもとづく物価の下落を回避することが可能であろうか。つまり，原因はそのままにしておいて，結果の回避は可能であろうか。ここに管理通貨制度の根本的問題点がひそんでいるといわねばならない。元来，生産過程の矛盾に根拠をもつ過剰生産恐慌を，通貨・信用の調整すなわち流通過程の

側面の管理によって回避しうるかという問題でもある。物価の安定という目的の提示自体すでに問題を含んでいるのであるが，この点はのちに詳しく検討しよう。

3　物価水準論——貨幣数量説

　ケインズは貨幣数量説に立脚しているが，これは，貨幣の本質を流通手段機能にのみ求め，貨幣数量によって商品価格が規定されると把握する一面的な理論である。各商品が価格をもたないで流通に入り，貨幣数量総額と商品総量とが流通において相対してはじめて各商品一単位の価格が決められることはありえないのである。なぜなら，流通する商品は使用価値の異なる種々の商品なのであって，これらが一括されて商品総量というわけにはいかないからである。

　そもそも，商品の価格は商品の価値の金量表現なのであって，商品は流通に入る前にすでに商品の価値が観念的に金量によって表現され価格が与えられている。この商品が流通に入って，その価格が実現されることは，あらかじめ与えられた観念的な金量が実在の金量に転化することにほかならない。したがって，貨幣流通量は商品の価格総額によって規定されるのであって，逆ではない。商品価格の変動は，貨幣流通量の変動の原因であって結果なのではない。ただし，不換通貨が流通する場合には，貨幣数量が商品価格を規定するかのように見える。しかし，この場合も，貨幣数量が直接商品価格を規定するのではなく，不換通貨が増発されて流通必要金量を上回って通貨一単位の代表金量が減少した場合，この場合においてのみ——不換通貨は必然的に流通必要金量を上回って流通に投下されるとはかぎらない——，価格標準が事実上切り下げられ，商品価格が全般的に騰貴する。このように，不換通貨流通量が流通必要金量を上回るという特定の条件のもとにおいてのみ，通貨数量が商品価格を規定するように見えるのであって，貨幣数量説は，この現象の表面的把握にもとづく局部的理論であるといえよう。

4　金本位制と「管理通貨制」

　ケインズは管理通貨制を第一次大戦以前の金本位制との比較対立においてとらえている。「事実上，金本位制はすでに未開社会の遺物（a barbarous relic）と化している。われわれすべては，イングランド銀行総裁をはじめとして，事業と物価の安定に主たる関心をもつのであって，選択を強いられた場合，これらを犠牲にしてまで，1オンスにつき3ポンド17シリング10ペンス1/2でなければならぬという言い古されたドグマに従いそうもない。旧い昔の本位制度の擁護者たちは，それがいまや時代の精神と要求からいかに遠いものであるかをみないのである。規制された紙幣本位制（regulated nonmetallic standard）は，気づかぬうちに，はいり込んでいる。それは現存している」(pp. 127-173, 277-278頁, 傍点引用者)。このように，ケインズは管理通貨制を紙幣本位制とも呼び，金本位制に対立する独立の通貨制度としている。このような把握は妥当であろうか。

　まず，金本位制の概念を明らかにすることから始めよう。金本位制の本質の解明は，ケインズのいう管理通貨制の本質を明らかにするために不可欠であろう。本位とは一般的等価物たる貨幣商品の地位を占める金属はなにかということであって，金本位制とは，価値尺度機能を果たしている貨幣材料が金であるような貨幣制度である。金が価値尺度機能を営むことから，必然的に金の一定量が価格標準となる。いいかえると，金が価値尺度となり，かつ金の一定量が価格標準となっている貨幣制度が金本位制なのである。

　さて，現実に流通する貨幣（広義の流通手段）のほうはどうであろうか。通貨制度の変遷をみると，かつて金鋳貨そのものが流通していたが，やがて，確定された一定量の金との兌換が保証された金債務証書すなわち兌換銀行券が広く流通するようになる。この過程は，資本制生産における流通空費たる貨幣商品金の節約の論理の貫徹過程でもある。一般に信用制度の基本的役割の一つは，流通時間，流通費の節約を果たすことにある。貨幣制度であると同時に信用制度でもある金本位制においても，流通費たる金の節約の論理が貫くのである。

　兌換銀行券が流通する通貨制度いわゆる兌換制下では，国内における銀行

券の兌換が保証されているのみならず，金の自由鋳造，自由鋳潰，自由輸出入が保証されている。これらは，いずれも，金の固定された一定量が価格標準となること，すなわち価格標準の固定性を保証する制度的機構にほかならない。兌換制下では，価格標準が固定的に明示され，したがって，通貨の代表金量つまり貨幣価値が安定しているのである。

　他方，管理通貨制とは不換制にほかならないが，これは金節約の論理がより進展して国内に関するかぎり極点にまで達した帰結であるといえよう。中央銀行は信用制度の軸点であるが，この中央銀行に集中的に保管されている金準備は元来三つの使命を有している。ⓐ国内金属鋳貨流通のための準備金，ⓑ預金の支払いのためおよび銀行券の兌換のための準備金，ⓒ国際的支払いのための準備金すなわち世界貨幣の準備金。信用制度の発展にともなう金節約の論理の貫徹に応じて，金準備のこれら三つの使命のうち，ⓐがまず消滅し，ついで不換制においてはさらにⓑが消滅する。こうして，不換制下では，中央銀行ないし通貨当局の金準備はもっぱらⓒの世界貨幣の準備金の機能を営むことになる。

　ケインズは『貨幣改革論』で，前述のように金準備を銀行券発行から完全に分離し，金に世界貨幣の準備金の役割を演ぜしめることを主張したが，現実の資本主義はこのケインズの提案に反して兌換制に復帰した（再建金本位制）。その後，29年恐慌を契機として再び不換制になり，現在にいたっている。ケインズの所説は，金節約の論理にそくしているかぎりにおいて，金節約の論理の進展を先取りしたものと評価できよう（もっとも，ケインズは当時すでにアメリカが金を独占してしまっていたので，イギリスも兌換制に復帰し金準備を確保してアメリカに金融的に対抗することは不可能であるとみたために，金と銀行券との切断を提案したという面も見逃すべきではないだろう）。しかし，ケインズより以前，19世紀後半にすでにマルクスは次のように指摘している。「明らかなことは，銀行の信用が動揺していないかぎり，銀行はこのような場合には信用貨幣をふやすことによって恐慌を緩和し，信用貨幣を引きあげることによってはかえって恐慌を助長するということである。近代産業のすべての歴史が示しているように，もし国内の生産が組織化

されていれば，金属は，事実上，ただ，国際貿易の均衡が一時的に変調を呈したときにその決済のために必要なだけであろう。国内では今日すでに金属貨幣は必要ではないということは，いつでも非常の場合にはいわゆる国立銀行の正貨支払停止が唯一の応急手段としてとられるということによって，証明されている」[3]。

　しかし，管理通貨制における金節約の論理は事態の一面であって，他方，兌換制から不換制（管理通貨制）への移行は，貨幣価値＝価格標準の固定性を維持する機構の放棄であることに留意しなければならない。兌換制においては，過剰生産恐慌のさいに，商品を犠牲にして——商品価格の急激な低落という形態をとおして——貨幣のほうを救ったのであり，ここに兌換制の美点があった。これに対して，不換制では，過剰生産恐慌による商品価格の実質的低落を相殺するためのインフレ政策（名目的価格上昇）によって，貨幣をも犠牲にしたのであって，価格標準の固定性はもはや失われているのである。このことは，「応急手段」が恒久化したことであり，資本制のいっそうの危機の深化の表現にほかならない。貨幣価値の不安定性は，資本制の基礎たる貨幣・信用関係を動揺させるからである。

　管理通貨制は，一面では資本制信用制度における金節約の論理の貫徹形態ではあるが，他面では価格標準の固定性の喪失という点で資本制の危機の深化の一形態でもある。ケインズは，管理通貨制を前者の側面においてのみとらえ，後者の側面を無視しているのである。

　こうして，管理通貨制（不換性）はけっして金本位制と対立する概念なのではなく，管理通貨制は金本位制の極点までの一展開段階なのである。管理通貨制下でも，資本制商品生産社会であるかぎり，一般的等価物は金であり，金が価値尺度機能を営み，したがって金の一定量が価格標準となっていることに変わりはない。ただ，兌換制の場合は価格標準が金の一定量に固定され明示されているのに対して，管理通貨制の場合は，流通不換通貨量と流通必要金量との関係に応じて，価格標準が固定せず可変的である。しかし，金のある一定量——これが可変的であり明示されないのだが——が価格標準となっていることに変わりはない。しかも，後述するように，管理通貨制では，

通貨は，兌換というかたちで金に束縛されていないが，国際収支・為替相場を介して金に規制されているのであって，けっして金による規制がなくなるのではない。

以上，明らかなように，管理通貨制を金本位制の対立概念として把握するのは誤りであり，管理通貨制を紙幣本位制とみなすのも根本的に誤りである。紙幣本位制なるものはありえない。それ自体価値（労働の対象化）を有する商品のみが，一般的等価物として価値尺度機能を営みうるのであって，無価値な紙片たる紙幣はけっして価値尺度機能を営むことはできないからである。

5　金の価値

ケインズのいう金の価値とは，金に対象化された労働量のことではないことに注意すべきである。名目説に立つケインズにとってこのことは当然であろう。ケインズは「19世紀の変動のはげしい世界にあって，金がその価値の安定の維持に成功したことは，確かにすばらしいことであった。私は第 1 章で，その点に拍手を送ったのであった」(p. 164, 273頁）と述べているが，ここで第 1 章というのは貨幣価値について述べた箇所であり，しかも前述のようにケインズのいう貨幣価値とは物価水準のことである。したがって，ケインズにおける金の価値とは，要するに物価水準すなわち貨幣の購買力のことにほかならない。

一般商品の価値は一般的等価物たる金の量によって表現されるのであるが，これに対して金の価値は金量によっては表現されない。自分の価値を自分で表現することは原理的に不可能である。とすれば，貨幣商品たる金の価値は他のすべての商品の使用価値量によってのみ表現される。つまり，物価表を逆に読むことによって，金の価値が表現できる。したがって，物価水準の変動が金の価値の変動の表現形態なのである。ケインズのいう金の価値とは物価水準にほかならないのであるから，ケインズは金の価値そのものを金の価値の表現形態（価値形態）と混同し同一視しているということができよう。

ケインズは，管理通貨制下では，「金の実際の価値は，単独にあるいは合同して行動する，三つないし四つの中央銀行の政策に依存するであろう」(p.

168，275頁）とか，「金の価値自体が中央銀行の政策に依存するという事実……」(p. 170, 276頁）と述べているが，ここでケインズのいう金の価値を物価水準の意味にとるならば，このケインズの指摘は彼なりに筋がとおっているといえよう。

6 管理通貨制の限界

　資本主義においては，過剰生産恐慌は不可避である。そして，恐慌は支払手段の不足＝貨幣恐慌として現象する。中央銀行は「最後の貸し手」として，貨幣恐慌にさいして，支払手段の需要に応えて貨幣恐慌を緩和する役割をもっている。しかしながら，兌換制下では，兌換を維持する——価格標準の維持——義務に拘束されて支払手段を無制限に供与することは許されない。つまり，兌換を確保して価格標準を維持するかぎり，貨幣恐慌の緩和には限界があるのであって，結局，兌換制下では恐慌は商品価格の暴落という激烈な現象形態をとる。これに応じて，失業者の急増，利潤率の激落，破産企業の急増等が必然的に生ずる。商品を犠牲にして（商品価格の暴落という形態で）貨幣を救った（価格標準を維持した）のである。この通貨価値の安定こそは，兌換制の美点なのであった。理論的には，ケインズには価格標準論が欠けているといえよう。

　ところが，管理通貨制下では，国民経済に関するかぎり，中央銀行は兌換の義務から解放されているため，通貨を増発して恐慌をよりいっそう緩和できる。しかし，ここで，恐慌のため流通必要金量自体が低下するから，価格標準は事実上切り下がりインフレが必然的に生ずる。いわば貨幣も犠牲になったのである。まさに，かかるケインズ的インフレ政策によって，現代資本主義は激烈な形態での恐慌を回避してきたのである。管理通貨制は，恐慌そのものを回避しえないが，恐慌の現象形態をゆるやかなものに変えたことは否定できない。現代のインフレは，過剰生産恐慌が激烈な形態のものからマイルドな形態に転化したことのいわば代償なのである。

　さて，管理通貨制下においては，通貨当局に集中されている金準備は対外支払準備金（金および外貨）であって，これは絶対に擁護しなければならな

い。このため，物価安定＝恐慌の緩和＝インフレ政策は無限に続行しえない。一国のみが国際比較上相対的により多く信用を膨張させてインフレ政策を過度におこなうならば，他の諸条件を一定とするかぎり，物価は上昇し，対外価格競争力が衰えて，国際収支赤字となり，対外支払準備が流出することになる。この点で，恐慌緩和に関しては，管理通貨制もやはり限界があるのである[4]。

　ところで，近年，近代経済学者を最も悩ませている問題の一つはスタグフレーションの現象である。たとえば小宮隆太郎氏はあるシンポジウムにおいて，「なぜインフレが起こっているか，ことにヨーロッパやアメリカでは，経済が停滞的であるにもかかわらず，物価の上昇が非常に大幅であるというのは，ぼくにはよくわからない問題です。……あれほど高い失業率であるにもかかわらず，強いコスト・プッシュ的な物価上昇の力が続くというのははなはだ不思議だ」[5]となげいている。稲田献一氏も，このシンポジウムで，既存の理論でスタグフレーションをうまく説明することはかなりむずかしいと思うと語られている。

　現代の管理通貨制の目的は，インフレ政策による激烈な形態での過剰生産恐慌の緩和ないし回避にあること，そしてこのインフレ政策には国際収支を介して限界があることを把握するならば，恐慌を緩和しきれない場合にスタグフレーション現象――不況現象とインフレとの併存――が生ずるのは自明であろう。インフレ政策の限界は，国際収支，為替相場をとおしてあらわれるのだから，各国の国際収支を規定する諸要因――貿易収支の動向を規定する通貨の減価度の差異，労働生産性上昇率の差異，賃金コストの差異等の要因および貿易外収支や資本収支を規定する要因――の動向の絡み合いに応じて各国にスタグフレーションが生ずる。たとえば，労働生産性上昇率の低いイギリスにおいてまずスタグフレーション現象があらわれ，ついで労働生産性上昇率が低くしかも賃金コストの高いアメリカにあらわれた。

　すでに述べたように，現代のインフレは，過剰生産恐慌が激烈な形態のものからゆるやかな形態のものに転化したことの代償なのであって，その基礎には過剰生産恐慌の問題すなわち実現の問題が横たわっていることが強調さ

れねばならない。しかも，管理通貨制は，過剰生産恐慌の生ずる原因（生産と消費の矛盾）そのものを解消するのではなく，その矛盾の現象形態をゆるやかなものに変形させるにすぎない。いいかえれば，管理通貨制は商品の実現問題を解消させることはできないのである。この点を認識しない近代経済学派にとっては，スタグフレーションは不思議な現象と見えるのであろう。

以上，明らかなように，一国の管理通貨制は国際収支を介して国際経済の側面から限界にぶつかるのであって，次にわれわれは管理通貨制の国際的側面に考察を進めなければならないのである。

第2節　管理通貨論（国際的側面）
──国際通貨危機──

1　『貨幣改革論』における国際均衡論

ケインズの提案する管理通貨制の目的は国内均衡＝物価の安定にあるが，彼は国内均衡優先主義に立ちながら同時に国際均衡も達成することを意図している。ここでいう国際均衡とは為替相場の安定のことである。

ケインズは物価水準の理論に関しては貨幣数量説に立脚するのに対応して，為替理論としては購買力平価説を妥当なものと承認している。金本位制の場合は，「通貨の相対的価値〔すなわち為替相場〕は，それぞれの単位に含まれる金純分に，輸送費による僅少の調整を加えて決まる」(p. 87, 225頁) ことを認め，これに対して不換制下では，異なる通貨が相互に交換される比率を決定するものは購買力平価であるとして，この原理を次のように要約している。「①一国内における不換紙幣の購買力，すなわち，通貨の国内購買力は，数量説に従い，政府の通貨政策と国民の通貨に対する習慣によって決定される。②不換紙幣の外国における購買力，すなわち通貨の対外購買力は，邦貨と外貨の交換比率に，外貨がその国でもつ購買力を乗じたものでなければならない。③均衡状態では，一つの通貨の国内購買力と対外購買力とは，輸送費，輸出入税を差引けば同一でなければならない。④したがって，①②および③から，邦貨と外貨の交換比率は，均衡状態においては，邦貨が国内で有

する購買力と，外貨が外国でもつ購買力の比率に等しくなる傾向がある。この，それぞれの通貨が国内でもつ購買力の比率を購買力平価と名づけるのである」(p. 88, 226頁)。実際の為替相場が購買力平価と大きく乖離している場合には均衡が成立せず，時間がたつにつれて，実際の為替相場を購買力平価に近づけるような諸力がはたらく。金本位制における金平価に相当するものが，この購買力平価なのである。二国の基本的な経済関係の変化すなわち資本移動，労働の相対的効率の変化，その国の特産物に対する世界需要の強さの変化等がなく，また，両国の通貨の国内購買力が，当局の通貨政策によって均衡値に落ち着くならば，この購買力平価が，金平価に代わって短期為替変動の中心点となる。

　金本位制の偉大な長所を為替相場の短期的変動を克服できる点にみるケインズは，管理通貨制においてもこの長所を確保する方策を求める。この方策が，イングランド銀行による金価格の調整である。すなわち，イングランド銀行は，金の購入価格，売渡価格を決定し，毎週公定歩合の発表と同時に，この金の売買価格を発表する。ここで，イングランド銀行は，1オンスにつき3ポンド17シリング10ペンス1/2および3ポンド17シリング9ペンスの範囲内に金の売買価格を決める（なお，この値開きは，必要な場合には1オンスにつき0.5～1％まで認められる）。イングランド銀行は，この価格で金の売買に応ずることによって，為替相場は一定限度内で安定する。前節でも述べたように，金を国家に集中して，この金を為替相場の短期的変動の阻止のために用いることを提案するのである。

　しかし，銀行利率と金の公定価格の適切な調整にもかかわらず，過度で長期的な金の流出が生ずる場合には，種々の方策が必要である。金流出が商品に対するポンド価値の下落（商品のポンド価格の上昇）によるものであれば，銀行利率の引き上げが必要であり，また，金流出が商品に対する金価格の上昇によるものであれば，金の購入価格の引き上げが必要である。なお，ケインズは，イングランド銀行の支配力を強めるための補足的手段として先物為替政策を提案している。

　要するに，ケインズは，国際均衡＝為替相場の安定に関しては，イングラ

ンド銀行に金を集中し，為替相場の短期的変動を金の公定価格の一定範囲内に抑制するためにこの金を管理すること，そして，為替平価の長期的不均衡を是正するために金価格を変更しうることを主張している。ケインズの管理通貨論は，国際的側面については，国家による金の管理つまり金価格の適切な管理にその要点がある。

金価格の管理および為替相場の安定には国際協力が不可欠であるが，ケインズは，イギリス，アメリカ両国が管理通貨制をとり，両国の国内物価水準の安定，両国間の為替相場の安定に努めることをすすめる。「われわれは，貨幣の進化過程において，『管理』通貨が不可欠である段階に到達したのである。だが，その管理を単一の当局に委託してよい段階には到達していない。したがって，われわれになしうる最善は，二つの管理通貨，ドルおよびポンドを保有し，その管理の目的と方法について，できるかぎり密接な協力を保つことである」(p. 204, 295頁)。そして，アメリカ，イギリス以外のその他の諸国は独立の本位制度をもつのは適当ではなく，為替本位制を採用するのが望ましい。つまり，各国通貨の基礎をポンドかドルにおき，いずれかに対して為替相場を固定し，短期的変動に備えるために国内に金準備を保有し，ロンドンとニューヨークに為替尻をおくことを勧告している。要するに，ポンドとドルの二国通貨を基軸通貨とする国際通貨体制を主唱するのである。

以上の『貨幣改革論』における国際的側面については，以下の2項と3項において批判検討しよう。

2　為替相場論──購買力平価説

購買力平価説は，貨幣購買力の逆数たる物価の二国間の比率としての購買力平価を均衡点として為替相場が変動することを主張する。しかし，すでに明らかにしたように，物価の変動という現象は種々の要因の変化の複合によって生ずるのであって，いま物価上昇についてみると，これは前述のように，(1)商品価値の増大，(2)金価値の低下，(3)価格標準の切り下げ，(4)景気循環の好況局面において需要が供給を上回ることから生ずる価格の価値以上への騰貴の四要因のいずれかでも生ずるものである。貨幣購買力の逆数と

しての物価指数においては，これら四要因の差異はまったく無視され，ただ現象としての物価の変動を示すのみであって，物価変動をもたらしたのはいずれの要因か，あるいはどの要因の複合かということはいっさい示さない。たとえば，(3)の要因による物価上昇の場合は，価格標準そのものが変更になるのであるから，これは固定的な物価上昇であり，(4)の要因による場合は，景気局面が不況に移行すると物価下落に転化する。このような物価変動をもたらす原因の差を無視した二国間のたんなる物価の比率というのはおよそ没概念的なものといわねばならない。

　兌換制下では，為替平価は二国間の公定価格標準の比率すなわち同一量の金に与えられた貨幣名の比率たる金平価にほかならないが，不換制下にあっても為替平価は両国の不換通貨の代表金量によって規定される。つまり，為替平価（事実上の）は，両国の通貨の事実上の価格標準の比率であって，たとえば，1円通貨の事実上代表する金量は1グラムであり，1ドル通貨のそれは10グラムであるとすると，両国の事実上の為替平価は10円＝1ドルであり，これは，同一量の金10グラムに与えられた両国の事実上の貨幣名の比率にほかならない。この事実上の為替平価が不換制下の為替相場の基準点となる。

　金の自由現送が認められていた兌換制下にあっては，為替相場の変動は為替平価（金平価）を中心として上下の金現送点の範囲に限定されていた。しかし，不換制下では，金の自由な現送（価格標準の固定性を保証する制度的機構の一つ）がおこなわれないため，為替相場は可能性としては無限に変動しうるのである。このためにこそ，不換制下では，国家の為替相場への介入，為替管理が不可欠の政策となる。

　為替相場の変動を規定する要因は，為替平価そのものの変動と，為替手形の需給関係――その時々の支払差額――による変動とである。前者は，すでに明らかにしたように，二国通貨の事実上の価格標準の比率によって規定され，これは，同一量の金に対する二国間の貨幣名の変化であるから，これにもとづく為替相場の変動は，名目的変動と呼ばれる。後者は，国際収支の当面の順逆によって規定され，この要因にもとづく為替相場の変動は，実質的変動と呼ばれる。現実の為替相場の変動は，名目的変動と実質的変動との複

合においてとらえなければならない[6]。

　不換制下では，事実上の価格標準はもちろん明示されていないのであるから，為替相場の名目的変動と実質的変動とは現象的にはまったく区別できない。一国でインフレーションがとくに進行して，この通貨の減価にもとづいて生じた為替相場の名目的変動も，純然たる実質的変動も外見的にはまったく差異はない。しかしながら，両者は理論的には区別されなければならない。購買力平価説は，不換制下でのこの両者の区別が困難なことを現実的背景として生まれ，両者の区別をまったく無視あるいは両者を同一視する理論である。したがって，ケインズの両国の国内物価が安定しているかぎり両国の為替相場も安定するという主張は，為替相場の名目的変動と実質的変動の区別を無視するもので，皮相な見解である。現在の国際通貨危機にあたって議論されている近代経済学派の為替相場論においても，たとえば円問題においても，両者の区別はまったく無視されている[7]。

3　金価格の管理

　不換制下では価格標準は固定せず可変的であるため，為替平価が両国の事実上の価格標準の比率であるかぎり，事実上の為替平価も必然的に固定せず可変的である。つまり，不換制下では，国内均衡（インフレ政策による恐慌の緩和）と国際均衡（為替相場の安定）とは，本来矛盾するのであって，両者は二律背反的関係にある。国内均衡の追求は不換制をもたらし，不換制は必然的に価格標準の固定性を失わせ，この価格標準の可変性は為替平価の安定性を失わせる。

　ところが，ケインズは国内均衡を優先し国際均衡を第二義的としながらも，このような国内均衡と国際均衡の矛盾を回避するため，前述のように，中央銀行が金の売買価格を一定幅に固定することによって為替相場の安定を企図するのである。つまり，ケインズは，国内においては不換制を提唱したが，為替相場の安定のためには世界貨幣としての金の意義を承認せざるをえなかったのである。

　では，不換制下で金価格の固定は可能であろうか。金の価格とは，金の一

定量に与えられた貨幣名にほかならず，価格標準の逆数である。したがって，通貨流通量と流通必要金量との関係に応じて価格標準が可変的である不換制下では，不換通貨と金との交換比率たる金の市場価格は変動し騰貴せざるをえない。管理通貨制（不換制）と金価格の固定とは本来矛盾するものなのであり，またこのためにこそ，管理通貨制下では金価格の管理が政策として要請されるのである。管理通貨制は不換通貨の量（信用量）を一応管理できるとしても，不換通貨の代表金量を管理することはできない。というのは，流通必要金量それ自体を管理することはまったく不可能だからである。

　インフレの進行のもとでは，中央銀行は，民間からの金の買上げ価格を旧来の水準に固定できず，結局は引き上げざるをえなくなるのであって，一定幅での金価格の固定すなわち金の価格管理は結局は不可能となる。この矛盾は，最も端的には，金生産部門にあらわれるのであって，金価格は政策的に固定されているのに対して，金の費用価格はインフレによって上昇するため，金生産部門の採算は悪化し，金生産それ自体が減退することとなる[8]。インフレの進行下で，金価格の固定をおこなうと，遂には金価格は公定価格と市場価格（不換通貨と金との交換比率）とに分裂し二重価格とならざるをえない。

　こうして，管理通貨制下では，金価格の管理による為替相場の安定も窮極的には不可能だということになる。もっとも，為替平価は二国間の価格標準の比率であるから，各国の通貨の減価度が等しければ，いいかえると各国が同じテンポのインフレ政策をとるならば，為替平価は安定でありうるであろう。この為替平価が安定であるかぎり，各国のインフレ政策をおこなう余地がかなり広がることは事実である。しかしながら，各国が足並みをそろえてインフレ政策をおこなうことは，抽象的可能性としてはありえても，現実には不可能である。不均等に発達する各国の不況の程度がそれぞれ異なり，各国は共同の意志のもとではなく各国個々的にインフレ政策をとるからである。

　以上明らかなように，管理通貨制下で，国内均衡と国際均衡とは矛盾するのであって，前者の追求は必然的に後者の破綻，すなわち為替相場の不安定をもたらさずにはおかない。逆に，後者を追求すれば，激烈な形態での恐慌を緩和ないし回避することが不可能となり，物価は暴落して国内均衡は破綻

する。ここに，管理通貨制の基本的矛盾が存在するのであって，現代資本主義の病の一つたる国際通貨危機はそのあらわれにほかならない。各国の国内均衡優先主義——インフレによる成長至上主義——の必然的帰結が国際均衡の破綻＝国際通貨危機なのであって，これは，ケインズ理論の国際的適用が破綻したことを示している。

さらに，IMF体制下における金価格の管理について以下考察しよう。IMF体制下では，金価格の管理は，国際機関たるIMFによってではなく，アメリカ財務省が各国通貨当局保有のドルと金との交換（金1オンス＝35ドル）に応ずるというかたちでおこなわれてきた。この金とドルとの交換は，現実にはかなり制限されていたとはいえ，アメリカからの金流出という事実それ自体が物語るように，金とドルとの交換はともかくおこなわれていたのである。このような金価格のアメリカによる管理は，IMF体制発足時においてアメリカが世界の金を独占し，世界の公的金保有高の約4分の3を占めていたことを物質的基盤として可能であった。そして，各国の平価は，金と交換可能なドルによって表示され，この平価による金価格での買入れが義務づけられている。すなわち，IMF協定第4条第2項に次のように記されている。「基金は加盟国による金の取引のために，平価の上下のマージンを定める。加盟国は，平価に所定のマージンを加えた額をこえる価格で金を買い入れ，または平価から所定のマージンを差し引いた額未満の価格で金を売ってはならない」。要するに，IMF加盟国通貨当局は金価格の管理を義務づけられているのである。

金の公定価格35ドルはなにを意味するのであろうか。それは，客観的には，ドルが国際通貨たる資格をもつための条件にほかならない。世界貨幣は金であるが，ある特定国の国民的通貨が金との固定価格での交換を保証されており，かつこの特定国の商品が国際的商品取引に大きな比重を占めるならば，この国民的通貨は金債務証書として世界貨幣たる金の支払手段機能を代行し国際通貨たることができる。こうして，金と交換されるドルは国際的信用貨幣なのであり，またドルは金為替の性能をもつ。したがって，現行国際通貨体制は，金ドル交換停止以前についてはドルを基軸通貨とする国際的金為替

本位制ということができよう。ここにも金節約の論理が貫徹しているのである。

　ドルは国民的通貨としては不換通貨であって減価しており，他方国際通貨としては信用貨幣であって通貨価値（1ドル＝金1/35オンス）は安定していなければならない。この現実的矛盾にこそ，現在の国際通貨危機の契機がある。

　国際通貨としてのドルは，アメリカの金保有高が巨額であり，かつ年々の国際収支が黒字であるかぎり，その金との同一性が保証されるから国際通貨ドルの信認は高い。しかしながら，周知のように1958年以降アメリカの国際収支は毎年赤字となってドルが流出し，さらには金が流出し，公的金保有高が減少していく過程が進行した。アメリカの国際収支の赤字をもたらした主要因は，巨額の海外軍事支出，経済「援助」およびインフレである。アメリカの公的金保有高の減少は，国際通貨ドルの信認を低めていくのであるから，アメリカのインフレによる不換通貨ドルの減価が，海外軍事支出など他の要因ともからみあって，国際通貨ドルの物的基礎を掘り崩していったわけである。

　他方，金の市場価格は，ドルの減価にともない事実上の価格標準が低下するため，公定価格以上に騰貴する。さらに，ドルの信認低下のため金の購入が増大し，ますます金市場価格は騰貴する。これに対して，1960年結成された金プールは，ロンドン金市場に金を供給してその市場価格の騰貴を抑制し，金市場価格を金の公定価格に引きつけ金価格の管理をおこなったのである。しかし，この金市場への金の供給は，アメリカからの金流出をますます促進し，1968年3月，金プールは解体され，いわゆる金の二重価格制がおこなわれた。つまり，民間金市場では，金市場価格は需給に応じて変動し，公的通貨取引のための金価格は1オンス35ドルに固定され，金の価格は，市場価格と公定価格とに分裂したのである。

　前述のように，管理通貨制（不換制）にあっては，価格標準が公定のものと事実上のものとに分裂するのに対応して，金の価格も公定価格と市場価格とに分裂せざるをえない。換言すれば，金の二重価格制は，不換制に照応した事態なのである。ただ，この金価格の分裂を，政策的に抑制しているので

あって，この管理は，国際協力の程度によってはかなり可能だとしても，結局のところ二重価格制は不可避である。

1971年8月，金流出が続き公的金保有高が100億ドル台になったアメリカは，遂にドルと金との交換を公式に停止した。IMF 体制（国際的金為替本位制）は，ここに崩壊し国際通貨危機は一段と深化した。その後，金の公定価格は引き上げられたが，依然としてドルと金との交換は停止されたまま現在にいたっている。遂に1973年11月には金の二重価格制も廃止され，金価格の管理は最終的に放棄されたのである。このような，ドルと金との交換停止および金価格の管理の放棄は，まさに，ケインズ的国際管理通貨論の破綻を示すものであった。

なお，ハロッド等は，かねてから金公定価格の引き上げを主張している。金価格引き上げは，客観的には，公定価格標準を引き下げて事実上の価格標準に一致させるかあるいはより近づけることを意味している。そのかぎりでは，金価格引き上げは，現在の国際通貨危機への一つの対応策であることは否定できない。しかしながら，管理通貨制下では，通貨はインフレによってたえず減価していき，事実上の価格標準は公定価格標準からたえず乖離していくものである以上，金価格引き上げは根本的対策とはなりえず一時的対策（時間かせぎ）にすぎないであろう。

4　国際通貨制度——『貨幣論』から『国際清算同盟案』へ

ケインズの国際通貨制度についての本格的な議論は，国際機関の設立を提唱している『貨幣論』(1930年)[9]をへて『国際清算同盟案』(1943年)に結実している。いずれにおいても，金の管理が提案されているが，不換制下における金の管理に対しては，3項で述べた批判がそのままあてはまる。

ケインズは『貨幣論』において，金価値を超国民的統制下におき，国際的景気変動を回避する任務をもつ超国民的銀行（Supernational Bank，以下 SNB と略す）の設立を提案している。この SNB の主な内容は次のとおりである。(1) SNB は当初資本を持つ必要はないが，その債務は加盟国中央銀行によって保証されなければならない。(2) SNB の資産は，金，有価証券および各加

盟国中央銀行に対する貸出よりなり，SNB の債務は，各加盟国中央銀行の預託よりなる。この預託金を超国民的銀行貨幣（Supernational Bank-money，以下 SBM と略す）と呼ぶ。(3) SBM は 2％の開きをもった一定の価格で金と相互に交換可能である。(4) 加盟国の通貨は，SBM に対して 2％の開きをもった一定の価格で相互に交換可能である。各国通貨は SBM に対してのみ交換性が与えられる。したがって，SBM は金との交換性を与えられているから，第一の国際的標準（international standard of first instance）となる。(5) SBM は，金と同様に加盟国中央銀行の法定準備となる。(6) 加盟国中央銀行は，当初担当額の金を SNB に預託して預金勘定——これが SBM である——を開設する。その後，この預金勘定 SBM は，新たな金の預託，他の中央銀行勘定からの振替，SNB からの借入によって補充される。(7) SNB は，3 ヵ月を超えない期間，加盟国中央銀行に対して公定歩合をもって貸し付ける。この限度は，過去 3 年間の平均預金残高を参考にして決める。しかし，最高の許容限度は，SBM の価値の安定のために，SBM の増減の必要に応じて時々再検討されるものとする。SNB は，この許容限度と公定歩合とを通じて加盟国中央銀行に対する信用条件を統制する。(8) SNB は，長短期証券の売買によって公開市場操作を実施する権限をもつ。また SNB は，SBM 建ての国際的銀行債を発行することを妨げない。(9) SNB の統制の目的は，第一に，国際貿易上の主要財貨にもとづいて作成された計表本位（Tabular Standard）で表示された金（あるいは SBM）の価値の安定を維持することである。第二は，国際的なインフレとデフレをできるかぎり回避することである。これらの目的を達成する方法は，公定歩合，割引許容限度，公開市場政策であるが，主なものは，SNB と加盟国中央銀行との，また加盟国中央銀行間の協議と共同行為である[10]。

以上が，ケインズの SNB 案の主な内容である。つまり，国際機関たる SNB に金を集中し，金と SBM と各国通貨との三者の関係を明確に規定して，金と SBM との相互交換性，SBM と各国通貨との相互交換性を付与している。こうして SBM は国際通貨となりうるため，各国間の国際収支は SBM の振替によって決済される。なるほど，SNB のような国際機関が創出され，金

との交換性を付与された国際通貨 SBM が創出されるならば，世界貨幣金の節約は可能であろう。しかし，各国がその金を現実に国際機関に預託することが可能か否かこそが問題なのである。

　SNB の第一の目的は，金価値の安定にあるが，ケインズのいう金の価値とは，世界の主要な貿易商品（ケインズは国際連盟で作成される生産指数の採用品目として62種類の食料や原材料をあげている）から構成された物価指数によって表示されるものであるから，第1節の5項でも指摘したように，ここでいう金の価値とは国際通貨の購買力のことにほかならない。また，SNB の第二の目的は，国際的なインフレ，デフレの回避にあるが，ケインズのいうインフレ，デフレとは好況，不況つまり景気変動のことにほかならない。したがって，SNB の第一の目的も第二のそれも，要するに，国際的な物価変動＝景気変動を回避すること，端的にいえば，世界恐慌による物価の急激な低落を回避することに帰着するであろう。世界恐慌による物価低落を回避するために，SNB と各国中央銀行との，および各国中央銀行間の共同行為を提唱しているのであるが，この共同行為とは，各国で歩調をそろえたインフレ政策にほかならない。ケインズは，1933年に発表した『繁栄への道』において「全世界が足並みをそろえて公債支出の増加をはかる以外には，世界の物価を上昇させるのに有効な手段は存在しないという，明白な結論が残される」[11]と指摘している。このような足並みをそろえた国際的インフレ政策の可能性については，すでに批判したところである。とはいえ，前節で述べたように，国際収支がインフレ政策の限度を規定するのであるから，各国がともに多かれ少なかれインフレ政策をとるかぎり，インフレ政策のとりうる余地がより拡大するのは確かである。

　さいごに，いわゆるケインズ案と呼ばれる1943年に発表された国際清算同盟（International Clearing Union, 以下 ICU と略す）案について考察しよう。この案は，各国の国内政策はそれぞれの国の自主性にゆだね，国際収支の短期的不均衡に対する通貨・為替面からの対策を提起したものであるが，その大要を述べると次のとおりである。

　(1)諸国間に一般的に受諾される国際通貨を創出して，二国間清算などが

不必要となるようにすることを目的とする（序文）。(2) ICU は，国際収支決済のためバンコール（bancor）と呼ばれる国際銀行通貨を基礎とする。バンコールは金を標準として固定され（ただし不変ではない），加盟国はバンコールを金の等価物として受け入れる。加盟国中央銀行は ICU に預金勘定を持ち，この勘定を通じバンコールで定めた平価で相互の為替バランスを決済することができる。したがって，他国全体に対して国際収支が黒字の国は ICU に貸勘定を持つことになり，国際収支が赤字の国は ICU に借勘定を持つことになる。ICU の勘定が，貸借のいずれか一方に累積しないような措置が講ぜられる（第4条）。この措置は次のとおりである。債務国に対しては，借方残高に応じて課金の支払いが義務づけられ，さらに借方残高の増加の速度と増加額に応じて，平価の切り下げ，適当な担保の提供，資本取引の統制を要求する。他方，債権国に対しては，貸方残高に応じて課金の支払いが義務づけられ，また貸方残高の累増につれて，国内信用および国内需要の膨張のための措置，平価の切り上げ，関税引き下げ，国際開発貸付などの措置をとることについて，ICU と協議することが義務づけられている（第6条）。(3) ICU の根本思想は一国内の銀行業務の基本原理すなわち貸方借方の必然的平衡である。貸方が ICU の内部でのみ振り替えられて外部に出ないかぎり不渡りが生ずることはない（第5条）。(4) 各加盟国は割当額が決められ，これが ICU から受ける信用便宜の限度となる。各国の割当額はその輸入額に応じて年々改訂される（第6条）。(5) 加盟国は金を ICU に払い込むことによって，バンコール表示の貸方を得ることができる（第27条）。しかし，加盟国は ICU からそのバンコール残高引当に金を要求することはできない。金とバンコールの間には一方的交換性があるだけである（第29条）。(6) バンコールの金価値は理事会が定める。加盟国は各自国通貨のバンコール価値およびバンコールの金価値に相当する平価を超える自国通貨建て価格で金を買い入れてはならない（第6条）。

　以上がケインズ案の要点であるが，これらの検討に移ろう。ケインズは ICU の根本思想について第5条で「一つの閉鎖組織内で見られるような銀行業務の基本原理を一般化することがこれである。右の原理とは貸方借方の必

然的平衡をいう。もし貸方がその清算制度から外部に移転することを得ずに単にその内部でのみ振替え得るものであるならば，同盟は自己に対し振出された小切手の支払にかんしいかなる困難にも陥るわけはない。手取金は他の加盟国の清算勘定に振替え得るに止まるとの保証があれば，同盟は加盟国のいずれに対してもその欲するいかなる前貸をも行うことができる」[12]と述べている。しかしながら，閉鎖組織すなわち国民経済における銀行組織の原理が，そのまま国際経済においても妥当するであろうか。国民経済においては，銀行間の債権債務は手形交換所で決済され，この手形交換尻は各銀行が中央銀行に持っている当座預金の振替によって決済される。さらに，ある銀行の交換負けが多額であってその銀行の中央銀行預け金よりも多い場合には，中央銀行に現金を払い込むか，あるいは中央銀行から貸出を求めるかして不足現金額を充たさなければならない。こうして，銀行間の債権債務も最終的には現金で決済されねばならないが，国民経済においては，この現金による決済は不換銀行券でおこなわれうる。国民経済においては，不換銀行券は法的支払手段であって強制通用力を有しているからである。国民経済に関するかぎり，債権債務の最終的決済にあたっても，金あるいは金債務証書（兌換銀行券）は必要ではない。

　これに対して，ICU では，債権あるいは債務の一方的累積に対しては前述のように種々の対策が講ぜられてはいるものの，不均等に発展する資本主義諸国間（とくにいわゆる先進国と途上国との）において，特定国の債務あるいは債権の一方的累積は不可避であろう。この点を問わないとしても，とにかく，同盟内の債権債務の差額決済はバンコールによっておこなわれる。しかしバンコールは前述のように金との交換制をもっていないのであって，この意味ではバンコールは金債務証書ではなく不換通貨にほかならない。

　ところで，世界市場では世界貨幣に流通手段機能は欠けているのであって（この点は次項で詳説する），したがって，流通手段機能から生ずる紙幣（不換通貨）は，世界市場では流通根拠を持たないのである。もちろん，世界市場では国際的な強制通用力なるものもありえない。こうして，国際商品流通の領域では，金あるいは金債務証書（国際的信用貨幣）のみが流通根拠を有

し，最終的支払手段となる。それゆえ，基本的には不換通貨であるバンコールは金の等価物とみなすことはできず，国際間の最終支払手段とみなすこともできない。国民経済内における銀行業務の基本原理の国際経済へのあてはめには限界があるのである。そして，ここに，国内商品流通と国際商品流通とをまったく同一視する ICU の構想の基本的欠陥があるといわねばならない。

さて，現在の国際通貨危機に面して，近代経済学者は国際通貨制度に関して種々の構想を提起しているが，最も著名なものは，トリフィンの世界中央銀行案である。この案は，トリフィン自身も認めているようにケインズの ICU の構想と基本的には同一である。したがって，これに対しては前述の批判がそのままあてはまるであろう。

5 金廃貨論

リアリストたるケインズは，金本位制を否定したが，国際決済手段としての金の役割は否定していない。国際決済同盟案第26条では，次のように記されている。「金は今なお大なる心理的価値を有し，現に生じつつある出来事により減少していない。しかして不測の事態に備えて金準備を保持しようとする欲望は，なお存続すると考えられる。金はまた（その根柢に存する実体如何に拘わらず），形式の点で国際的目的のための争い得ない価値標準を供する利点を有しこれに代る有用な代替物を見出すことはなお容易ではない。……また合衆国に対しその確乎たる流動性の基礎たる金ストックを非貨幣化することを要請するのは妥当でない。世界が窮極において金の処分をいかに決定するかは別問題である。清算同盟の目的は支配的要素としての金に代ることにあるが，これを廃止しようとするものではない」[13]。

しかるに，多くの近代経済学者は，世界貨幣としての金の役割を否定し，金を世界貨幣の地位から追放せんとする金廃貨論を主張する。たとえば，小宮隆太郎氏は，金そのものに値打ちがあるというのは迷信であって，金はドルに結びついているからこそ値打ちがあるのであって逆ではない，と主張している[14]。本章のむすびとして金廃貨論の虚妄なるゆえんを考察しよう。

金廃貨論は，国内的商品流通と国際的商品流通の差異を区別せず両者を同

一視することから生ずる。国内市場においては，商品の販売と購買とが補い合って商品交換の連鎖が形成され，W—G—W の流通形式が無限に連続する商品流通がおこなわれる。このことにもとづいて，貨幣の流通手段機能が成立し，流通手段としては貨幣は一時的，瞬過的存在にとどまる。ここに，国内市場において鋳貨，補助貨，紙幣という形態が展開し，つまり流通手段機能から価値章標たる紙幣が成立する。しかも，これにもとづいて国家は紙幣に強制通用力を与える。さらに，支払手段機能から生ずる信用貨幣＝銀行券も，さらに銀行券支払約束である預金通貨も，国内に関するかぎり不換化され，国家によって法定支払手段の規定を与えられる。こうして，国内市場においては，生身の金は必要とせず，いわば金廃貨が可能なのである。

　他方，世界市場における国際的商品流通においては，W—G—W の流通形式がおこなわれるのではなく，「個々バラバラな G—W あるいは W—G の総体があるだけである。販売を前提としない購買＝輸入と，購買によって補完されない販売＝輸出とが，国際商品流通の基本的形式である。……個々の商品所有者にとって輸出（W—G）にせよ輸入（G—W）にせよ，国際貿易は国内における G—W あるいは W—G によって補完されて W—G—W となっているのであるけれども，国際貿易としての W—G と G—W の間には本来何の補完関係もない。全く無関係な取引である」[15]。つまり，外国に対する販売者がただちに外国商品の購買者となるということはない。このように，世界市場では流通が W—G—W の形式をとらない。すなわち世界貨幣には流通手段機能を欠いている。しかも世界市場では，世界政府というようなものが存在しないのであるから，国際的な強制運用力なるものも存在しないことはいうまでもない。したがって，世界市場では，鋳貨，補助貨，紙幣という形態の展開はみられないのである。金は世界紙幣としては，一般的購買手段，支払手段，蓄蔵貨幣として機能するが，支払手段としては債権債務の相殺の制度的機構の発達により，金は節約される。さらに，金との交換が保証される一国民的通貨が，世界紙幣の支払手段機能を代行して国際通貨となることによっていっそう生身の金は節約される。しかし，この信用貨幣（金債務）としての国際通貨の背後に金が横たわっていなければならないのであっ

て，したがって，世界市場においては，商品取引のおこなわれるかぎり金廃貨は不可能なのである。

ところで，1971年8月の金ドル交換停止は，ドルが国際的信用貨幣（金債務証書）の地位から転落したことを意味する。しかしながら，このかつての金為替たるドルが国際的にも不換通貨となったにもかかわらず，いぜんとして国際通貨として通用している。そして，いぜんとしてドルは各国の準備通貨としても用いられている。このように，不換通貨ドルが国際通貨として通用している事実は，金廃貨が可能だということになるのだろうか。この問題の解明には別途考察を要する[16]。

ともあれ，資本制国家は，資本の流通過程や通貨をある程度管理することができる。そして，近代経済学は，資本の流通過程や通貨の矛盾を調整する方法に関する種々の政策を案出することができるし，またしてきたことは確かである。しかしながら，資本の流通過程や通貨の矛盾それ自体を解消させる方法は提起されない。近代経済学は，現実の矛盾の根拠を解明し，現実そのものの運動法則を明らかにする理論をもたないからである。せいぜいできることは，矛盾の貫徹形態をよりゆるやかなものにする種々の対策を提案することだけである。一般に，近代経済学は政策論的色彩をもつのはこのためである。

資本の流通過程や通貨の矛盾は，実は資本の生産過程の矛盾の反映にほかならないのであって，問題は生産過程にこそある。通貨の管理ではなく，生産過程の管理こそが根本である。すでに指摘したように，インフレや国際通貨危機の深部に横たわっているのは，生産過程の矛盾にその根拠をもつ過剰生産恐慌である。生産過程の管理にもとづく過剰生産恐慌そのものの止揚，ここに問題の要点があるといわねばならない。

注

1） J. M. Keynes, *A Tract on Monetary Reform*, London: Macmillan, 1924, p. 39. 中内恒夫訳『貨幣改革論』，『世界の名著』第57巻，中央公論社，1971年所収，199頁。以下，p. 39, 199頁と略す。

196　第Ⅲ部　近代経済学批判

2）拙著『現代インフレーション論——恐慌・金・物価——』（大月書店，1997年）第8章および第9章を参照。
3）K. Marx, *Das Kapital*, III, MEW, Bd. 25, S. 533（邦訳『資本論』第3巻第2分冊，大月書店，662頁）．
4）前掲拙著，第1章を参照。
5）シンポジウム「近代経済学の課題を展望する」（『季刊 現代経済』第1号）107-108頁。
6）岡橋保『現代インフレーション論批判』（日本評論社，1967年）89頁，118-120頁，あるいは渡辺佐平「マルクスの為替理論と古典理論」（『経済』1972年1月号）参照。
7）前掲拙著，第5章を参照。
8）前掲拙著，第4章を参照。
9）『貨幣論』におけるケインズの貨幣観の批判・検討としては，松井安信「ケインズ管理通貨論の一考察」（西南学院大学『商学論集』第4巻第2・3号），建部正義「ケインズの『管理通貨制度』論について」（中央大学経理研究所『経理研究』第19号）を参照。
10）J. M. Keynes, *A Treatise on Money*, Vol. II, London: Macmillan, 1930, pp. 399-402（鬼頭仁三郎訳『貨幣論』第5分冊，同文舘，1953年，255-259頁）．
11）J. M. Keynes, *The Means to Prosperity*, London: Macmillan, 1933, p. 19（宮崎義一訳『繁栄への道』，『世界の名著』第57巻，中央公論社，1971年所収，312頁）。
12）堀江薫雄『国際通貨基金の研究』（岩波書店，1962年）付録，324頁。
13）同上，333頁。
14）シンポジウム「円切上げに直面する日本経済への提言」（『季刊 現代経済』第2号）26頁。
15）木下悦二『資本主義と外国貿易』（有斐閣，1963年）186-187頁。
16）本書第3章を参照。

あとがき（謝辞）

　桜井香氏には，前著『現代貨幣論——信用創造・ドル体制・為替相場』（青木書店）に関して幾多のご配慮をいただいた。今回，また本書の刊行にあたって全面的にお世話になった。重ねがさね感謝したい。

　本書の出発点は姉歯曉君の提案による。同君にはコピーをはじめとして索引の作成にいたるいろいろな事務一切を引き受けてもらった。深く感謝する。

　サービス論争の研究仲間である渡辺雅男氏には跋を書いていただいた。長年の友情に感謝する。

　また，感謝しなければならないのは，虎の門病院腎センターの関係者各位に対してである。

　私事になるが，おそらくは，私の人生における最後となるであろう本書の発行を機に，宿痾を抱える私をあらゆる面で支え続けてくれた妻ユキ子には感謝のほかはない。

　　　友を得て最後の著作産み了えしわが生涯の八十路の喜び

　　　　　　　　　　　　　　　　　　　　　　　　　　　山田喜志夫

跋

渡辺雅男

　プラン問題を持ち出すまでもなく，マルクス経済学と一般に呼ばれるマルクスの「経済学批判体系」は，本来，理論的には未完の体系，したがって開かれた体系である。それは，二重の意味において未完なのであって，すなわち，第一に現代へ向けて歴史的に，第二に世界へ向けて理論的に開かれているという意味においてである。山田喜志夫教授の本書がタイトルの副題で「エッセンス」という語を掲げるのは，まさにこのことの謂いにほかならない。ここからマルクス経済学の現代的発展を希求する立場が生まれるし，現代経済のグローバルな現実へと立ち向かう，開かれた「分析視角」を読者に提供しようとする，本書の，いわば究極の意図が明らかとなる。

　その意味で，本書は，理論研究者である山田教授が，マルクスの方法論を手がかりにして現代経済の核心的問題の解明に取り組んだ作業報告であり，20世紀後半，とくに70年代以降の世界経済の動きを知的に反省するなかで獲得した，時代意識，歴史意識の総括の書（「エッセンス」）である。

　誤解を怖れずに言えば，マルクスの時代と現代とを分かつ決定的なメルクマールは，第一にグローバル秩序とそこでのヘゲモニーのあり方の違いであり，第二に社会的生産力の発展段階の質的な違いである。本書第Ⅰ部のテーマは前者の自覚であり，ドルを基軸通貨とする帝国主義の現代的特質をどのような理論的視角でとらえるべきかという問題にほかならない。本書第Ⅱ部のテーマは後者の追究であり，膨大な「サービス」部門を抱え，それを維持することを強いられた生産力の現代的特質をどのような理論的視角でとらえるべきかという問題である。

　金ドル交換停止後のグローバルな経済秩序を解き明かすもっとも基本的な分析視角とはなにか。第Ⅰ部で教授が繰り返し問いかけるこの問題は，それをマルクス経済学の方法的な文脈に置き換えてみれば，アメリカ・ドルを基

軸通貨として成り立つ第二次世界大戦後のパクス・アメリカーナ（現代帝国主義）の分析に，マルクスの古典的時代のパクス・ブリタニカの分析視角（世界貨幣金の運動）をどのように活かす（接合する）ことができるのか，という歴史認識の問題でもある。これは帝国主義論に対して価値論の筋を一本通すという理論的な試みであるから，かつて往年のマルクス経済学が国際価値論の名のもとに取り組んだ，まさに挑戦的で刺激的な課題が現代に甦ったことに読者はまず興味を惹かれるだろう。金ドル交換停止は「金廃貨」論を意味するのだろうか。そうではあるまい。「いぜんとして，世界貨幣金は支払い手段準備金として機能している」ではないか。教授はそう問い返す。さらに，「産金国から世界市場へ行きわたる金の運動（一般的運動）」も現代にあってなお健在ではないか。「金はなお価値尺度として機能しており，価格標準としても不十分ながら機能している」のである。たしかに「金ドル交換停止以降は金が表舞台に表れない」。だからといって，それを根拠に金廃貨論に与するとすれば，それは表舞台で繰り広げられる現象にのみ目を奪われた者の視野狭窄にすぎない。マルクスも言うように，「もし事物の現象形態と本質とが直接に一致するものならばおよそ科学は余計なものであろう」（『資本論』第3巻第48章）。経済学が経済科学であろうとするかぎり，現象をただ整理・祖述するだけの議論に科学たる資格を与えることはできないのである。本書冒頭からして，金廃貨論の早計を戒める教授のまなざしは鋭く，またゆるぎない（第1章）。

　さらに重要なことは，今日のこうしたドル体制のもとで，日本からアメリカへと富の一方的な還流が続いているという事実である。為替相場を通じた日米間の不等労働量交換，長期的円高ドル安傾向による為替差損の発生，日本に強要された低金利政策とバブル経済の収奪的悪影響など，国際的な金融流通過程を舞台にアメリカによる副次的搾取が日本に対して行なわれていることを教授は見逃さない。まさにドル体制とは「ドルの特権による（国際的な）「横領」システム」のことなのである。教授が指摘する，この「ドル特権」こそ，アメリカ帝国主義の最大の成立条件であることをわれわれは肝に銘じておくべきである（第2章）。

そもそも，アメリカは民間レベルであっても，国家間レベルであっても，対外支払いを自国通貨（ドル建て預金）で行なうことができる。つまりアメリカは，自国の銀行の信用創造によって「無から有（国際通貨ドル預金）を創出する」ことができるのである。国際通貨国特権とはこのことである。こうした権利がアメリカに対して独占的に与えられているからこそ，アメリカは経常収支の赤字を続けながらも，なお資本輸出を行なっていけるわけである。「通常，非国際通貨国はその対外債務を対外債権（対外資産）で決済する資産決済であるから最終的決済は完了している」し，完了せざるをえない。「これに対して，国際通貨国アメリカのみは資産決算ではなく債務決済であるから最終的決済は未完了である」し，そうした未完了を許されている。教授が言うように，まさに「現行の変動相場制とは，国際通貨国アメリカによる赤字の最終的決済が欠如した体制」であり，国際通貨国アメリカとそれ以外の非国際通貨国との間の非対称性が現行体制では制度化されているのである。この指摘は本質を突いている。なぜなら，ここにこそ，アメリカ帝国主義を成り立たせる国際金融流通制度の最奥の秘密があるからである（第3章）。

　こうした分析に潜む含意は明らかである。国際通貨国特権のもとでアメリカは対外的制約を考慮することなく資本取引を拡大させることができるのであり，肥大化した資本取引の中心にアメリカは居座ることができるのである。ただ，それはさしあたりである。こうした通貨体制のもとで，アメリカが特権を行使すればするほど，ドルが国際通貨であるための前提条件は徐々に掘り崩されていく（ドルの減価はその一つの表れである）。それにともない，ドルが国際通貨の地位を去る可能性は一歩一歩現実に近づく。耳を澄ませば，アメリカ帝国主義を弔う鐘の音が聞こえてくるはずである。

　教授が本書で取り組んだもう一つの歴史的課題は，生産力の現代的発展をいかに把握するかという問題である。まず，この生産力の発展段階を「経済のサービス化」あるいは「ソフト化」と呼び習わす習慣に対して教授はストップをかける。広く巷間に流布している「サービス化」なる呼称は，俗流的慣行にすぎず，科学的検証に耐えられない。これが教授の基本的立場である。常識的な議論に深く染まった読者には奇異に聞こえるかもしれない。し

かし，教授の議論に耳を傾けてほしい。雑多な経済活動を「サービス」業と一括し，「物財」生産と「サービス」生産という二分法にとらわれ，果ては「サービス」は価値を生むか否かという誤った問題提起に過度のエネルギーを浪費する常識のほうがかえって間違っているのではないか。こう指摘する教授の議論は，「サービス」とはなにかという，もっとも基本的な概念規定においてさえ表面的な議論にとどまり，いまだ本質的な反省的考察に達することができないでいる経済学者たちの現状を振り返るとき，むしろ正鵠を射ていることに慧眼な読者なら気がつかれるであろう。むしろ，教授は誤って一括される「サービス」業を大きく五つに腑分けし，それぞれの背後でその伸張を規定している経済的要因を正しく探り当てていく。読者が注目しなければならないのは，この方法態度である。その結果，「経済の「サービス」化現象は，経済のパラダイムの大転換を必要とするようなことではない」，むしろ，その「多くが資本主義的分業の全般的展開にもとづくものである」ことが明らかとなる。生産力の現代的発展がこうした分業を許す段階にまでに到達したことにより，本質レベルの歴史的変化が，資本主義的生産関係のもとでの社会的分業（教授の言う「資本主義的分業」）のなかでは，俗に言う「経済の「サービス」化」という現象形態を身にまとうことになったのである。ここに主張のポイントがある。現象の背後に本質をさぐろうとする教授の立場は，ここでもゆらぎがない（第4章）。

　つぎに教授が取り組んだのは，いわゆる「社会資本」の問題である。生産力の発展段階が高度になれば，かつて資本制的には運営されることがなかった運河や道路など「社会的生産の共同社会的・一般的条件」が土地資本として資本主義的に経営されるようになる。あるいは，運輸・交通手段といった交換の一般的で物的条件が資本主義的生産にとってますます重要なものとなる。さらには，「公共住宅，学校，病院，公園，保健所，ゴミ・し尿処理施設，道路，上下水道等」といった「消費の一般的条件」が消費の社会化の進展とともに比重を高める。教授の議論は，かの「社会資本」論のなかで一括されていたこうした一般的条件を生産・交換・消費に関して腑分けし，それぞれの意義と実態とを概念的に確定していくのである。ここでもまた，われ

われは，前章で「サービス」業に関して行なわれた腑分けの醍醐味を「社会資本」論に関して味わうことになる。「社会資本」と呼ばれているものの実体は，土地に固着した固定施設としての，こうした一般的条件にほかならず，その建設および管理運営が国家によって（民営化されれば，一部，資本によって）行なわれているものにほかならない。社会資本の本質は土地資本であり，その多様な形態はとりもなおさず「公金私用の多様な形態にほかならないのである」。ここでも，教授は「社会資本」概念の欺瞞性を暴いて，快刀乱麻を断つ（第5章）。

　こうして見てくると，第Ⅱ部を貫く方法的立場は一貫している。「経済の「サービス」化」論といい，「社会資本」論といい，それは問題提起の仕方にこそ問題ありとする立場である。教授は，問題が存在することを否定しているのではない。問題提起の仕方を批判しているのである。資本主義的分業の進展をなぜ「サービス」化の問題として議論しなければならないのか。生産・交換・消費の一般的条件の比重増大をなぜ「社会資本」の問題として議論しなければならないのか。ボタンのかけ違いは，そもそもそこから始まっているのではないか。教授はわれわれにそう訴えているのである。問題は正しく提起されたとき，すでにその解答は与えられたに等しい。逆に言えば，問題提起の仕方を過つとき，問題解決の道は遠く離れていくのである。

　さて，第Ⅰ部，第Ⅱ部で教授が取り組んだのは，現実の，あるいは歴史的現実の問題であった。これに対し，第Ⅲ部で取り組まれているのは，現実の仮象，すなわちイデオロギーの批判である。つまるところ，それは近代経済学批判である。

　市場メカニズム信仰にとらわれた近代経済学，とくに新古典派が基本的前提としている消費者中心の狭い考え方，つまり方法論的個人主義が批判の第一のターゲットである。近代経済学は，私的個人，自己調整的市場，浪費的消費，与件としての時代を無批判に受け入れ，立論の前提としている。教授が求めているのは，人間，社会，国家，歴史を批判的かつ総体的にとらえる経済科学である。簡潔な筆致で教授は学問に対する期待とあるべき姿勢を指し示す（第6章）。

近代経済学批判の第二のターゲットは，彼らが市場メカニズムと並んで信仰する経済成長論である。近代経済学が唱える経済成長とはなにか。教授は，まずそう問いかける。それは，資本制的拡大再生産過程の運動を商品資本循環（W—W′）の視角でとらえたものにすぎない。その限りで，把握は一面的であって，第一に経済成長の起動因（原因）をとらえることができず，第二に実現問題および貨幣・信用面を軽視しがちである。生産資本循環および貨幣資本循環の立場を欠いているから，当然そうならざるをえないのである。成長論の基礎に置かれた国民所得概念についても同様の一面性が見て取れる。近代経済学の国民所得論は，国民経済活動で生産された付加価値の総額（生産，分配，支出の三面で等価）であるが，いずれにしても「もの」（＝商品）の集計概念であることに変わりはない。また，そうした意味での国民所得は没階級的概念であって，所有や搾取，貧困や格差といった現実問題は射程に入ってこない。さらには，在外子会社が生産した商品は当該国の国民所得に参入されないし，そもそも市場に投入されない「もの」は商品ではないから，国民所得の対象外とされる。この概念でカバーできる経済領域はきわめて限られているのだ。

　1970年代には戦後資本主義が危機的状況を迎え，国民所得でとらえた経済成長至上主義に対しても反省が迫られた。ローマ・クラブが成長抑制論を打ち出した背景には，資本主義的経済成長が深刻な危機に直面したという現状認識があったわけである。しかし，経済成長一般と，その資本主義的あり方とを区別できない近代経済学の成長論では，危機の克服など原理的に望むべくもない。教授の批判はここでも本質的であり根本的である。バラ色の経済成長至上主義か，終末論的な経済成長ゼロ主義かといった二者択一ではなく，人類史的視点に立った成長をこそ目指すべきではないか。こう主張する教授の結論は，時代や立場を超えて今日なお説得的である（第7章）。

　さて，近代経済学批判のクライマックスはケインズの管理通貨論批判である。そこでは，ケインズの管理通貨論が国内的側面と国際的側面の両面から順次検討されている。貨幣数量説に立脚するケインズにとって，管理通貨制度の第一の目的は国内市場での物価安定にあった。しかも，この場合に目標

とされた物価安定とは，物価の騰貴ではなく，全般的低落，つまり「主に過剰生産恐慌に起因する物価下落を回避すること」である。教授によれば「ここに根本的問題点がひそんでいる」のであって，その際のケインズの誤りは二重である。まず，貨幣数量説から出発することの誤り，つまり「不換通貨流通量が流通必要金量を上回るという特定の条件のもとにおいてのみ，通貨数量が商品価格を規定するように見える」だけなのに，そうした事態を普遍化し，貨幣数量が商品価格を規定すると原則的に考えてしまったことである。第二は，インフレ政策（貨幣の増発）によって商品価格の暴落（過剰生産恐慌）を阻止できると考えたことの誤りである。たしかに，「現代のインフレは，過剰生産恐慌を激烈な形態のものからマイルドな形態に転化させた」。だが，教授が指摘するように，「管理通貨制では，通貨は，兌換という形で金に束縛されていないが，国際収支・為替相場を介して金に規制されているのであって，けっして金による規制がなくなるのではない」。どんなインフレ政策であってもこうした「国際収支・為替相場を介して」の「規制」をまぬがれることはできない。この事実から，まさに「恐慌を緩和しきれない場合にスタグフレーション現象――不況現象とインフレとの併存――が生ずる」のであって，ここに管理通貨制のそもそもの限界が表れる。ケインズの議論ではこの謎を解くことができない。

　さらにまた，ケインズにとって，管理通貨制は国内均衡（物価安定）のためだけでなく，同時に国際均衡（為替相場の安定）のための制度でもあった。不換制下での各国通貨の交換比率を決定するのは購買力平価だと考えるケインズは，為替相場の短期的変動の克服を最優先課題と考える。そのための方策として彼が提唱するのがイングランド銀行による金価格の調整である。教授によれば，ここでもケインズの誤りは二重である。まず，購買力平価説から出発することの誤り，つまり，二国間の物価の比率に均衡点を見出して，それを軸に為替相場が成り立つとする考え方は，物価変動をもたらしたさまざまな要因（教授はさしあたり4要因を指摘）の差異を無視し，変動をただ現象的に比較しただけの「没概念的」な発想にすぎない。さらに，重要なのは，為替相場の変動には（二国間の貨幣名の変化にもとづく）名目的変動と

（国際収支の逆順にもとづく）実質的変動との区別が存在するという事実であって，この点を考慮しなければ，現実の為替相場の変動を真に理解することはできない。たしかに，両者の変動は現象を眺めるかぎり区別ができない。ただ，科学は現象の裏に潜む本質を暴くものである。ドルの減価にもとづく為替相場の変動と，国際収支の逆順にもとづく為替相場の変動を同一視して議論しているかぎり，それは科学たる資格を放棄したに等しい。教授の批判はここでも本質を突いている。

　さらに，ケインズが国内的には金の意義を否定しながら，国際的には為替相場の安定のために金の意義を承認したことは大きな問題である。管理通貨制のもとで，国内均衡と国際均衡とが矛盾しないと考えることは誤りなのである。そもそも，両者は二律背反的関係にある。なぜなら，「国内均衡の追求は不換制をもたらし，不換制は必然的に価格標準の固定性を失わせ，この価格標準の可変性は為替平価の安定性を失わせる」からである。事実，金の価格は市場価格と公定価格に分裂し，IMFをもってしても管理不能となったことはその後の歴史が示すところである。1971年，アメリカはドルと金の交換を公式に停止し，これをもって金価格の国際管理は最終的に放棄された。さらには，各国通貨の交換比率は変動為替相場制のもとで市場原理に委ねられ，もはや管理どころの話でないのが現状である。つまり，「ケインズ的国際管理通貨論の破綻」が現実のものとなったのである（第8章）。

　ケインズ理論に内在する原理的矛盾を暴きつつ，歴史のなかでそれが現実的破綻へと導かれていく必然性を鮮やかに描き出した，この第8章はまさに本書の白眉である。だが，現実の資本主義は，このケインズをも乗り越えて，さらなる混迷と破綻の段階へと進んでいったことを今日のわれわれは知っている。新自由主義の新たな波が80年代から世界中を駆け巡り，大きな災禍をもたらしたことをわれわれは知っている。あの津波のようなグローバリゼーションの（いまに続く）流れに経済学者たちがいかに迎合的だったかも，あるいはいかに無力であったかもわれわれは知っている。いまこそ，教授のケインズ批判の方法に学び，フリードマンを，ハイエクを，そして新自由主義を批判することが，求められているのである。経済学批判体系が歴史的に開

かれた理論だとすれば，また，それを現代に生かすべく努力した山田喜志夫教授の知的営為を本書からわれわれが学んだとすれば，われわれの課題は教授の批判的精神を受け継ぎ，もって現代の資本主義に挑み続けること以外にないであろう。教授のこれまでの理論的研究はそうした課題をわれわれに指し示しているのであり，われわれは，そのような先達をもったことを深く誇りに思う。
                                              2010年12月

索 引

BIS（Bank for International Settlements） 56
EU 60
GNP 51, 54, 104, 138, 144, 155
ICU（International Clearing Union） 190-193
IMF 体制 17, 18, 20, 69, 84, 152, 186, 188
NIEs 60
SBM（Supernational Bank-money） 189-190
SDR 20-21
SNB（Supernational Bank） 188-190
SOST（Sozialistischen Studiengruppen） 21, 36

あ行

アスワン・ハイ・ダム 115
アメリカ国債（財務省証券） 44, 76
アメリカ財務省 186

池上 惇 111
一般的等価物 177
稲田献一 148, 179
イングランド銀行 181
インフレーション 31, 33, 72, 151, 153, 168, 172, 178, 179, 184, 185, 187, 195
　──政策 152

ウェストン（Rae Weston） 26
ウォーカー（Richard A. Walker） 94, 100
宇沢弘文 139, 143, 148
内橋克人 39
売りオペ（レーション） 75
運輸交通手段 113, 124
運輸費（用） 114, 121

エコノミック・アニマル 148
円問題 184

か行

介入通貨 74
価格標準 27, 28, 174, 184
　事実上の── 27, 28, 30
　──論 178
格差問題 155
カジノ資本主義 103
鹿島港 120
鹿島臨海工業地帯 115, 118, 119
過剰貨幣資本 103
過剰資本 56
過剰消費社会 82
過剰生産 77, 120, 151
　──恐慌 172, 176, 178, 179, 180, 195
過剰ドル 24, 77
価値視点 137
価値尺度機能 174, 177
価値増殖運動 159
価値の形態転化 95
株価 51
貨幣 174
　──の価値 171
貨幣恐慌 178
貨幣資本 103, 145
　──の循環 145
貨幣数量説 168, 173
ガルブレイス（John K. Galbraith） 136
過労死 161
為替
　──管理 183
　──差損 44, 45, 47, 57
間接的労働 102
完全雇用 172
管理通貨制（度） 167, 168, 170, 171, 172, 174, 175, 176, 177, 180, 181, 185, 186

210

──論　167
管理フロート　75

企業内分業　97
擬制資本　128
吉川元忠　47
機能資本　116
キャピタル・ゲイン　54
恐慌　77, 120, 151, 152, 175
協調政策　72
居住者(ドル)預金　58, 63, 64, 83
居住者預金(口座)
金　15, 170, 174, 177, 183, 184, 192, 193, 194
　──の価格標準機能　29, 33
　──の価値　177
　──の価値尺度機能　29, 33
　──の価値変動　36
　──の二重価格制　187
　──の費用価格　16, 30, 31, 185
　　　　　　　　　→産金コスト
金委員会, アメリカの　24
金為替本位制　20
金準備　175
金生産の労働生産性　36
金ドル交換　18, 20, 69, 73, 84
　──停止　44, 59, 73, 77, 84, 186, 188, 195
金廃貨(論)　16, 23, 29, 34, 35, 193, 194
金復位論　24
金平価　183
金本位制　168, 174, 176, 177, 193
金利格差　51
　──維持政策　71
銀行信用　16
近代経済学(派)　111, 135, 140, 153, 154, 158

空費　161

経済学の第二の危機　135, 154
経常収支　46
　──赤字の補填問題　67

ケインズ(John M. Keynes)　138, 167
　──学派　156
　──主義的(成長)政策　138, 156
　──理論　147, 153
限界金山　30, 31, 36
現実資本　103
建築地地代　126
現物貸付　93, 123
　──資本　92, 95, 112, 123

公共サービス　96
公共事業　115, 120
公共投資　118
公金私用　118
高金利政策　71
公信用　77
公定価格標準　27
高度成長　138, 146, 152, 154
購買力平価　40, 180, 181
　──説　180, 182, 184
国際決済銀行　56　→BIS
国際収支表　83
国際清算同盟　190　→ICU
国際通貨　17, 58, 71, 152, 190, 195
　──危機　153, 167, 184, 186, 187, 188, 195
国際通貨国特権　59, 63, 65, 67, 72, 77, 78, 82, 83, 84
国際通貨体制　17　→IMF体制
国際通貨ドル　18, 23, 26, 67, 72, 73, 77, 78, 79, 187
　──の信用貨幣性　23
　不換の──　73
国際的金為替本位制　17
国際的信用貨幣　17, 18, 24, 152, 192
国際的信用制度　20
国民所得　144, 146, 153, 156
　──概念　154, 155, 156
国家独占資本主義　136, 163
　──のイデオロギー　140
固定施設　114, 116, 121, 124

固定資本　92, 93, 122, 127
　　──の社会的摩損　102
固定設備　111
固定相場制　69, 74, 75, 80
小宮隆太郎　179, 193
雇用の安定　172
コルレス関係　17

さ行

サービス化
　経済の──　97, 89
　製造業の──　102
サービス（業）　89-92
　　──概念　95
　家事──　104
　対事業所──　95, 97, 107
　対消費者──　93, 94, 97
　特定の──　127
　非営利的──　96
再建金本位制　175
債権債務の相殺　65, 74
債務者利得　72
最後の貸し手　178
最終的決済　69, 74
債務不履行　69, 70
債務累積問題　82
差額地代　123, 124
産業の空洞化　101, 106
産金国　25
産金コスト　16, 25, 30, 33, 37
　　　　　　→金の費用価格

自国通貨建て　48
自己資本比率規制問題　56
資産決済　59, 68
市場メカニズム　135-139
実体経済　57, 58, 84
支払手段準備（金）　18, 22, 24, 34
紙幣　174

紙幣本位制（regulated nonmetallic standard）　174, 177
資本
　　──概念　111
　　──の還流　24, 35, 58, 74
　　──の論理　98, 161
資本蓄積　146, 147, 151, 154, 155, 163
資本輸出　79, 80, 155
社会資本（インフラストラクチャー）　96, 105, 111
社会的間接資本（social overhead capital）　111
社会的総資本　148, 153, 154, 157
社会的分業　94, 97, 100, 107
社会的歴史的形態規定　111
ジャパンマネー　48, 51
重金主義　23, 24, 35
商業信用　16, 68, 151
消費
　　──の一般的条件　114, 116, 119, 120, 125
　　──の社会化　114
消費者主権　136
消費単位（consumption unit）　168
商品　173
　　──の超歴史的な側面　137
　　──の歴史的な側面　137
商品資本　144, 145, 150, 153, 155
　　──の循環　144, 145, 149, 153
剰余価値　164
剰余生産物　163
剰余労働　163, 164
昭和40年恐慌　151
新古典派　136
　　──成長理論　147, 153
新古典派総合　138
シンジケートローン　79
信用貨幣　16, 23, 72, 77, 175, 194
信用主義　23, 24, 35
信用創造　59, 63, 65, 66, 67, 75, 77, 78, 79, 80, 85
信用膨張　172

スウィージー（Paul M. Sweezy） 103
スタグフレーション 179-180

生産後の労働（post-production labor） 94
生産資本 95, 100, 107, 115, 145
　——の循環 145
生産的消費 157
生産に先行する労働（pre-production labor）
　94
生産の一般的条件 113, 115, 116, 117, 119, 120, 125
生産力
　——の超歴史的形態規定 148
　——の歴史的形態規定 148
成長至上主義 186
成長ゼロ主義 164
『成長の限界』 157
成長抑制論 164
生命保険会社 45
世界貨幣（金） 15, 16, 18, 20, 22, 34, 35, 69, 175, 184, 186, 194
　——の一般的運動 15, 16, 29
　——の支払手段機能 18
　——の特殊的運動 16, 20, 25, 35
世界恐慌 190
ゼロ金利 57

総量規制 56
素材視点 137
素材的（質料的）規定 111
ソフト化, 経済の 89
ソロー（Robert M. Solow） 147, 153

た行

対外決済 65
対外債権・債務 69
　——決済 65, 66, 68
対外資産 59, 69
対外支払準備金 20, 178

対外純債務国 48, 67
対外純資産 46, 47
対外（直接）投資 78, 155
対外流動債務 18
耐久消費財 159
第三次産業 89, 97, 98, 107
第三セクター 118
対米投資 57
対米輸出依存度 49
大量生産 159
兌換銀行券 174
兌換制 174, 175, 176, 178, 183
多国籍企業化 101
脱工業化（社会） 89

地域共同体 54, 105
地価（土地価格） 51, 54, 56
地代論 112
中央銀行 175
中小企業 57
超過利潤 121, 123, 125, 147
超国民的銀行 188　→SNB
超国民的銀行貨幣 189　→SBM
直接的生産過程 102, 121, 122
直接的生産手段 114
賃銀 164

通貨危機 80
都留重人 156

低金利政策 56, 71
帝国主義 156
　——段階 155
ディンケビッチ（А. И. Динкевич） 120
デフレーション 57, 168, 172

投機 54
ドーマー（Evsey D. Domar） 147
　——の成長理論（成長モデル） 150, 153
独占資本 118, 145

独占地代 123
都市問題 162
土地貸付 93
土地資本 94, 122, 127, 128
トリフィン (Robert Triffin) 167, 193
ドル 152, 193, 195
　——債務 48, 152
　——の減価 60
ドル体制 58, 59, 63, 68, 69
ドル(建て)債権 45
　対米—— 73, 152
ドル(建て)預金 58, 63, 66, 73, 76, 77

な行

ニクソン (Richard M. Nixon) 20
二重構造 154
日本標準産業分類 90-91

は行

ハイルブローナー (Robert L. Heilbroner) 156
バブル 51, 54, 55, 71
　——の崩壊 56
速水(日銀)総裁 57
パレート最適 138
ハロッド (Roy F. Harrod) 147, 188
　——の成長理論(成長モデル) 150, 153
バンコール (bancor) 191-193

非居住者(ドル)預金 58, 63, 64, 69, 82
非国際通貨国 65, 67, 68, 71, 72, 74, 75, 78, 80, 83
必要生産物 163
必要労働部分 163, 164
貧困の蓄積 155

不換制 176, 183, 184
不換通貨 173, 185, 192, 195
　——ドル 187

不況 77
含み損 56
不胎化操作 75
物価 171
　——騰貴 167
　——の安定 170, 171
　——の変動 171
物品賃貸業 96
不変資本の節約 161
普遍的形態 137
プライス・メカニズム 139, 140
不良債権 77
ブレイヴァマン (Harry Braverman) 105
ブレトンウッズ体制 59　→IMF体制
分配問題 155

ヘッジ 70
ヘッジファンド 79, 80
変動相場制 68, 69, 75, 80

方法論的個人主義 136

ま行

マグドフ (Harry Magdoff) 103
マネーゲーム 103
マルクス (Karl Marx) 120, 122, 145, 149, 159, 160, 175
マンスホルト (Sicco L. Mansholt) 157

宮本憲一 111

むつ小川原開発 118

やらわ行

有効需要 72
優良金山 31
輸出競争力 75

預金通貨　194
横山昭雄　67

リース　92, 102, 123
利子生み資本　92, 95, 112, 122, 123, 128
リストラ　56
流通空費　34, 121, 124, 125
流通根拠問題　74
流通資本　95, 102, 107
流通費（用）　95, 114, 123
流通必要金量　185
流動性ジレンマ論　78
リュエフ（Jacques Rueff）　59, 73, 81

歴史的社会的形態　137, 148
　超——　137, 148
レンタル　92, 123

労働力の再生産費　127
ローマ・クラブ　157, 158, 161-164
ロビンソン（Joan V. Robinson）　135, 143, 147, 154, 156
ロングタームキャピタルマネージメント（LTCM）　80
ロンドン金市場　187

ワーキングプア　161

山田喜志夫(やまだきしお)

國學院大學名誉教授
1930年　北海道に生まれる
1957年　北海道大学経済学部卒業
1962年　北海道大学大学院経済学研究科博士課程単位取得
1962年　國學院大學専任講師
1965年　國學院大學助教授
1971年　國學院大學教授
2000年　國學院大學退職

著書『再生産と国民所得の理論』(評論社, 1968年)
　　　『現代インフレーション論』(大月書店, 1977年)
　　　『現代貨幣論──信用創造・ドル体制・為替相場』(青木書店, 1999年)
共著『ドル体制とグローバリゼーション』(駿河台出版社, 2008年)
編著『講座 現代経済学批判Ⅲ 現代経済学と現代』(日本評論社, 1974年)
共編著『資本論体系7 地代・収入』(有斐閣, 1984年)

渡辺雅男(わたなべまさお)　一橋大学大学院社会学研究科教授

現代経済の分析視角 マルクス経済学のエッセンス
2011年2月25日　初　版

著　者	山田喜志夫
装幀者	加藤昌子
発行者	桜井　香
発行所	株式会社 桜井書店

　　　　東京都文京区本郷1丁目5-17三洋ビル16
　　　　〒113-0033
　　　　電話　(03)5803-7353
　　　　Fax　(03)5803-7356
　　　　http://www.sakurai-shoten.com/

印刷所	株式会社 ミツワ
製本所	誠製本 株式会社

ⓒ 2011 Kishio Yamada

定価はカバー等に表示してあります。
本書の無断複写(コピー)は著作権法上
での例外を除き、禁じられています。
落丁本・乱丁本はお取り替えします。

ISBN978-4-921190-69-9　Printed in Japan

菊本義治ほか著
グローバル化経済の構図と矛盾
世界経済システムとしてのアメリカン・グローバリズムの実態を追究
A5判・定価2700円+税

福田泰雄著
コーポレート・グローバリゼーションと地域主権
多国籍巨大企業による「市場と制度」統治の実態に迫る現代帝国主義論
A5判・定価3400円+税

森岡孝二著
強欲資本主義の時代とその終焉
労働と生活に視点をすえて現代資本主義の現代性と多面性を分析
四六判・定価2800円+税

鶴田満彦著
グローバル資本主義と日本経済
2008年世界経済恐慌をどうみるか? 理論的・実証的に分析する
四六判・定価2400円+税

長島誠一著
エコロジカル・マルクス経済学
エコロジーの危機と21世紀型経済恐慌を経済学はどう解決するのか
A5判・定価3200円+税

北村洋基著
現代社会経済学
マルクス『資本論』を大胆に現代化した経済学教科書
A5判・定価2200円+税

一井 昭著
ポリティカル・エコノミー
『資本論』から現代へ
基礎理論から現代資本主義までを体系的に叙述
A5判・定価2400円+税

桜井書店
http://www.sakurai-shoten.com/